跨文化交际视角下的
日语教学研究

戴小清◎著

重庆出版集团　重庆出版社

图书在版编目 (CIP) 数据

跨文化交际视角下的日语教学研究/戴小清著. —重庆:重庆出版社,2022.12
ISBN 978-7-229-17475-0

Ⅰ.①跨… Ⅱ.①戴… Ⅲ.①日语—教学研究 Ⅳ.①H369.3

中国版本图书馆 CIP 数据核字(2022)第 254561 号

跨文化交际视角下的日语教学研究
KUAWENHUA JIAOJI SHIJIAOXIA DE RIYU JIAOXUE YANJIU

戴小清　著

责任编辑：钟丽娟
责任校对：何建云
封面设计：白白古拉其

重庆出版集团
重庆出版社 出版

重庆市南岸区南滨路 162 号 1 幢　邮编:400061　http://www.cqph.com
北京四海锦诚印刷技术有限公司印刷
重庆出版集团图书发行有限公司发行
E-MAIL:fxchu@cqph.com　邮购电话:023-61520646

全国新华书店经销

开本:787mm×1092 mm　1/16　印张:10　字数:236 千字
2023 年 6 月第 1 版　2023 年 6 月第 1 次印刷
ISBN 978-7-229-17475-0

定价:58.00 元

如有印装质量问题,请向本集团图书发行有限公司调换:023-61520678

前　言

我国的日语教学较多采用传统的日语翻译法和结构分析法，教师把重点放在语音、语法、词汇等的掌握，并将大量的精力投入应试能力的培养，从而导致学生在实际跨文化交际过程中，缺乏不同场合使用恰当语言的能力。进入新阶段，我国对人才的需要不再是"单一掌握日语语言"的人才，而是"具有日语跨文化交际能力"的人才。在日语教学过程中，中日文化差异、日语语言文化特征及非语言表达行为等知识融入其中，才能有效地培养和提高学生的跨文化交际能力。

基于此，作者撰写了《跨文化交际视角下的日语教学研究》一书，本书以日语教学为主线，从中日文化交流、差异与融合的角度出发，从多个角度对日语语言文化进行了分析与透视，进而讨论了跨文化交际下日语教学的基础、日语课堂教学及其质量提升等内容。本书共五章，主要内容涵盖：中日文化交流与融合、日语语言文化研究、跨文化交际视角下日语教学基础、跨文化交际视角下日语课堂教学及其质量提升、跨文化交际视角下的日语教学与能力培养。本书结构严谨，脉络清晰，层层递进，理论联系实际，希望本书的出版可以为我国日语教学的进步贡献一份力量。

本书在撰写过程中得到了许多专家学者的帮助和指导，参考了大量的相关学术文献，在此表示真诚的感谢。

由于作者水平有限，书中难免会有疏漏之处，希望同行学者和广大读者予以批评指正。

目　录

第一章　中日文化交流与融合

第一节　中日文化交流的概况

一、中日文化交流形态变化的历史

中国与日本的文化交流从古至今不曾中断，然而在这个连续的过程中，文化交流的形态却有所不同，包括交流的内容、方式、主被动方等。中国坐拥上下五千年的历史文化瑰宝，不可否认，日本文化深受中国文化的影响，甚至可以说，中国文化几乎"哺育"了日本文化。早在汉朝中日两国就有了早期的文化接触，在后来的隋唐时期，日本又派遣了大量"遣隋使"和"遣唐使"。汉服被日本逐渐本土化，成为了如今的和服，茶道也成了日本文化中的重要元素。这种文化的影响覆盖了经济、政治、社会各个方面。纵观日本的历史，其发展道路都和中国极为相似，或者可以说是在模仿古代中国。日本曾经尊称中国为"天朝"，并对中国文化虚心学习，如此和平交融的氛围一直延续到了近代。从清朝开始，这种稳定的文化交流的主从关系被打破。

虽然在很大程度上追随中国，但这也不影响日本文化自成一体，发展出了其具有特色民族性的文化，比如好学、崇尚强者。日本在古代学习中国文化不外乎是由于彼时的中国雄踞一方，荣耀万千。到了近代，中国的衰弱和西方列强的革命性崛起使日本认识到改变学习对象的迫切。可以这么说，日本是在学习强者中强大起来的，这种特殊性使它能敏锐地判断出时代最强音，并且能更包容地接受新的文化，主动地向其靠拢。

从近代开始，日本就改变了原有的华夷体系，跻身于西方列强行列，占据了文化交流中的主动权，更是在甲午战争后到抗日战争期间大大残害了中华文明。

二、中日文化交流中推力和阻力并存的现实

（一）推力

中国在改革开放后迅速崛起，综合国力得到了巨大提升。在和平年代，中国和日本在"政冷经热"的局势下依然进行着文化交流，文化交流的基础是广大群众。虽然中日关系蒙上了擦不去的历史灰尘，中日人民彼此交流的渴望仍然是强烈的。就目前来看，日本对

中国的文化输出效果显著。在日本品牌产品输入的同时，中国消费者也在潜移默化中接受了其品牌文化和理念。不仅是日系车、日系家电，像无印良品、优衣库等崇尚原味、生活品质的日用品品牌也在中国市场中分得一杯羹。

日本文化进入中国的又一重要途径就是日本的动漫产业。从受众面来说，日本动漫基本的输出对象是青少年，尤其是现在的"90后""00后"。虽然受众面不广，但其覆盖率是极大的。青少年喜爱日本动漫的比例非常高，影响也不言而喻。究其原因有三：第一，从文化内发和外发变化的角度来看，自从政府扶植文化产业后，日本便将动漫文化作为一个文化品牌去经营。可以说，日本在动漫产业上的人力、财力、物力的大量投资促成了其繁荣，在品质和品牌效应上，日本动漫是文化交流中一个成功的典型范例。第二，中国文化和日本文化在传统观念和文化认同上有不可割断的共通之处，这为日本动漫在中国市场的进军增添了竞争优势。当然，也不排除为了市场化经营，一些日本动漫在创作时有目的性地加入使读者观众更能接受的本土化元素。不管是何种情况，在这些易接受的元素影响下，人们可能就会不自觉地接收并接受了部分日本的价值观输出。第三，是青少年群体的"跟风性"效应和自主选择的结果。青少年较为容易受同伴或同龄人的影响，在偏好的选择上有较大的趋同性，这种趋同性可能将一种偏好扩大成一代人的偏好。这种情况不是特例，是一个时代的共同作用，从而形成一个时代的特征和符号。这样一来，"90后""00后"这一代青少年成为推动日本动漫发展的主力军也是情理之中的。

（二）阻力

任何事物都存在着两面性，日本文化在中国大行其道的同时，也不免遭受诟病和阻碍。一方面是由于历史原因，另一方面是其本身内容的可接受度。在经济全球化的今天，谁也无法完完全全摆脱日本的影响，生活中的"日货"不计其数，我们与日本的经贸往来也不可能停止，但是在文化层面，由于历史因素，许多人带着民族情绪一味地反对与日本文化接触，造成了日本文化中的精华在部分中国人民中无法得到传播。作为已迈入一个和平发展新时代的"世界人"，我们应该铭记历史，同时也该向前看。另外，数量的繁多也导致了日本文化的良莠不齐。前不久，部分日本动漫内容过于暴力、血腥、色情，遭到了国家广电总局的禁播。因此，我们要有选择地接受日本文化与外来文化。

三、加重"软实力"建设的未来

在未来，日本文化在中国乃至世界范围内的前景是怎样的，我们可能给不出一个确切的答案，但从它对"软实力产业"的重视程度来看，其投资力度必然不会减小。日本文化产业尤其是动漫产业现在虽已经在国际市场上树立了品牌，但是由于我们处在大数据网络信息化的信息时代，文化产品的消费成本大大降低，使得其对经济效益的转化率并不高。所以我们可以预计，未来日本文化的发展趋势会进一步向文化与经济捆绑式的输出靠拢。

对于两国文化交流的贡献，我们在古代对日本的影响不可忽视。虽然在近代，日本受中国影响变小而高强度地西化，中国逐渐在"东学西被"向"西学东渐"过程中丧失对日本文化的主动权，但中国文化依旧是使日本文化在曾经乃至现在能够夯实根基并且茁壮成长的重要来源。而在未来，中国在两国文化交流中将扮演怎样的角色，我们将如何再次夺取主动权，还取决于我们如何更快更好地壮大"软实力"。

第二节　中日语言文字差异与交流

一、近代日本语言文化的变革

与汉语一样，日本语也有「文語」（文言日语）和「口語」（白话日语）之分，而且近代初期日本当时的日本语基本上全是汉字。『古今和歌集』（905）、『源氏物語』（11世纪初）、『徒然草』（约1331）等日本著名古典文学自不必说，就是近代日本文学作品里，如福泽谕吉的『学問のススメ』（《劝学篇》，1872）、二叶亭四迷（1864—1909）的『浮雲』（《浮云》，1887—1889）、森鸥外（1862—1922）的『舞姫』（《舞女》，1890）、幸田露伴（1867—1947）的『五重塔』（1891）、樋口一叶（1872—1896）的『たけくらべ』（《青梅竹马》，1895）、尾崎红叶（1867—1903）的『金色夜叉』（1897）等也都是些半文半白的文章，没有一点文言日语语法的基础，是无法完全看懂的。

1853年4月，日本在美国东印度舰队司令佩里所率坚船利炮的威胁之下被迫打开国门。面临即将沦为殖民地的民族危机，和近代中国（晚清）一样，民众的启蒙开化、西方文明的引进也成了近代日本进步知识分子的首要任务。不过，就在近代中国无法冲破阻碍西学东渐的文体桎梏时，同样面临着书面语与口语相脱离的日本却在引入西方近代文明、翻译介绍西方启蒙思想的过程中开始积极变革文体。

1866年，曾任兰学（「蘭学」，经荷兰传入日本的西洋科学）讲师的前岛密（1835—1919）向当时的幕府将军德川庆喜（1837—1913，德川幕府的最后一代将军）提交了名为《御请废止汉学之议》（『漢字御廃止之議』）的建议书，主张为了能迅速向广大国民推广知识、提高大众的文化水平，应该停止使用难懂难学的汉字。虽然汉字最终并没有废止，但以此为契机，从19世纪70年代前后的幕末明治初期开始，提倡书面语应向口语靠拢的"言文一致运动"（「言文一致運動」）在全国轰轰烈烈地展开，为日本的近现代化起到了重要的推动作用。

积极探索言文一致的新文体成为了当时知识界的主流，譬如以坪内逍遥（1859—1935）、二叶亭四迷、正冈子规（1867—1902）、山田美妙（1868—1910）等为代表的作家文人和以西周（1829—1897）、加藤弘之（1836—1916）、福泽谕吉等为代表的思想家等。

尤其值得一提的是，为了借鉴西欧文学流派的文学思潮，日本的"言文一致运动"最先是由受西欧文学流派影响的作家文人们兴起的。先是二叶亭四迷从坪内逍遥获得启示，用言文一致的文体写出了日本第一部口语文体小说『浮雲』。其后尾崎红叶、幸田露伴、森鸥外等纷纷在其文学作品中进行了言文一致文体的尝试。接下来，"言文一致运动"逐渐广泛渗透，经过由正冈子规、高浜虚子（1874—1959）等组成的"杜鹃派"（「ホトトギス派」），岛崎藤村（1872—1943）、田山花袋（1871—1930）等组成的"自然主义派"，由武者小路实笃（1885—1976）、有岛武郎（1878—1923）、志贺直哉（1883—1971）等组成的"白桦派"（「白樺派」），自成一统被称为"余裕派"的夏目漱石（1867—1916）等诸多作家文人的努力，在大正时代（1912—1926），白话文体的推广和普及已基本完成。到了大正末年，报纸、小说、教科书等都采用了白话文体。随后学术专著、论文等专业性较强的写作类型也逐渐改为了白话文体，"汉字假名混合体"也日益成为主流书写方式。

除了大力开展"言文一致运动"以外，当时，日本文人学者们还主动学习、吸收了大量西学西语中的修辞知识。于是，在翻译西方学术论著时，为了表达其中的新概念、新名词，他们不拘泥于中国古典文言文的原文，一方面大胆地对从中国借来的汉字进行重新组合创造新词汇；另一方面，赋予汉语词汇新的解释。关于当时日本学者用汉语词汇翻译洋学的方法，日本著名思想史学者丸山真男（1914—1996）这样总结道：

众所周知，维新前后，欧语如怒涛般滚滚涌进时，几乎全是用汉字词汇来对应。自幕府末期至维新之后不久的思想家用汉字词汇做译语的方法大致有三：一是将传统的汉字词汇语义几乎原封不动地加以使用。二是将传统的汉字词汇脱胎换骨用于不同的语义。如人们耳熟能详的"自由"一词本是佛教用语，但在江户时代该词汇却作"随便、任性"意思理解而大致用于消极方面。不过，待要表现"liberty"（思想行动的自由解放）、"freedom"（不受束缚的无拘无束的自由）等词的词义时，即使有现成的"自由"一词，含义也出现了大的转换。第三种办法是完全没有对应词汇的情况，这就必须造新词。比如，将"copyright"译成"版权"（笔者注：此为福泽谕吉的译案。1999年该词由"著作权"一词取代），而"版权"即原先没有的词汇。

赋予汉语词汇新的解释来译西方学术用语，即丸山所说的第二种方法，除了他举的用「自由」译 "liberty" "freedom" 的例子以外，还有用「芸術」译 "art"、用「文化」译 "culture"、用「経済」译 "economy"、用「理性」译 "reason"、用「革命」译 "revolution"、用「社会」译 "society" 等。通过重组汉字创造新词来翻译西方学术用语，即丸山所说的第三种方法，除了他举的「版権」（copyright）的例子以外，还有「美学」（aesthetics）、「歴史」（history）、「哲学」（philosophy）、「科学」（science）等。

向着通俗易懂、明确达意的方向对文体进行改造，对汉字进行重新组合创造新词汇、赋予汉语词汇新解释等，这些在语言文化方面进行的变革都有效地推动了西方近代文明在社会各阶层中的渗透与传播。

二、近代中国西学东渐过程中日本所起的媒介作用

常有国人说，中国的近代史是一部屈辱史。这种说法不乏"自虐"色彩，但拥有灿烂文化的文明古国，到了近代却成了外国列强依靠武力进行霸权扩张的首要目标，并在历史进程中的国力较量中屡屡一败涂地却是不争的历史事实：1840 年至 1842 年的鸦片战争，败于英国，签订了中国历史上第一个不平等条约《南京条约》，第一次向外国割地、赔款，使中国开始沦为半殖民地半封建社会；1894 年至 1895 年的中日甲午战争，又败于日本，签订了又一个丧权辱国的不平等条约《马关条约》，又得向对方割地、赔款；到了 1900 年，再败于入侵的八国联军（英法美俄德日意奥），签订了《辛丑条约》，再一次被迫支付了巨额战争赔款并丧失了多项国家主权……

在世界势力格局重组、中国面临国破家亡的历史时刻，当时的许多文化精英、有识之士开始痛定思痛，反思怎样才能救亡图存，实现民族复兴。他们得出的结论是：封建礼教、宗法观念等旧学在发展科学技术方面具有先天的局限性，打破闭关锁国、了解认知西方文明、积极从西方学习先进的科学技术为近代中国所必需。

近邻日本在 19 世纪中叶以后，其接触、学习西学的步伐加快，力度加强，特别是 1868 年实行的明治维新，实质上可以说是全面引入西方文明。中日甲午战争、日俄战争（1904—1905）让很多国人注意到了近代日本学习西方的成功，再加上中日两国都使用汉字（当时的日本语使用的汉字比现代日本语多得多），这种文字上的"同文同种"使得很多即便不太懂日文的人，也大致能看得懂日文书籍。

就这样，地理之便、文字之便，再加上日本在学习、引进西学方面远远走在中国的前面，这几种因素结合在一起共同导致了从 19 世纪末甲午战争以后到 20 世纪初，留学日本

成为当时社会的一种风潮。不仅革命派（即所谓反清革命分子）留日，保皇维新派也留日。有资料记载，清政府从1896年（光绪二十二年）4月开始派遣首批13名学生公费留学日本，之后留日人数逐年快速增加，到十年后的1906年，在日留学生已达到12000名，远远超过了同期留学欧美的学生人数。当时的留日人员中有很多日后对中国的政治、经济、文化、社会等各方各面产生深刻影响的中心人物，可谓名人荟萃，如孙中山、蔡元培、梁启超、王国维、陈独秀、李叔同（即弘一大师，1880—1942）、鲁迅、宋教仁、钱玄同、蒋介石、李大钊、郭沫若、周恩来、徐悲鸿、郁达夫、田汉、夏衍等等。

留日学生的剧增，无疑在向中国传播西学方面起到了促进作用。当时，日本已基本确立了自然科学、社会科学、人文科学等近代学术门类，而且"言文一致运动"等由难至易、由繁化简的语言文化变革也正在逐步完成，许多人以翻译日本学者所著的学术书籍或者转译日本学者翻译的西学书籍来学习、接受并向国内传播西学。据有关统计显示，从1896年到1911年，日文著作的中译本共达958种，其中，总类8种、哲学32种、宗教6种、史地238种、语文133种、美术3种、自然科学83种、应用科学89种、社会科学366种。梁启超曾对这一时期日文西学书籍大量翻译出版的状况有过描述："青年学子相率求学海外，而日本以接境故，赴者尤众。壬寅癸卯间（笔者注：1902—1903），译述之业特盛，定期出版之杂志不下数十种。日本每一新书出，译者动则数家；新思想之输入，如火如荼矣。"（梁启超[1992]，p.258）因此，说日本是近代中国（尤其是1895年至1914年）学习西方文明的媒介毫不夸张。在这个过程中，大量日造的西学术语，如前面我们谈到的「民主」「经济」「社会」「物理」「美学」「歴史」「哲学」「科学」「革命」「芸術」「文化」等传入中国，逐渐取代了中国学者晦涩难懂的文言文译案，在国内广泛应用至今。

直至近代，中国文化一直是以传统为尊，以继承为主的，不知多少代人耗费毕生精力去诠释古代典籍。拥有深厚文化底蕴和丰富文化资源的文明古国需要将自古以来的文化脉络传承下去，但不可否认的是，过于囿于传统、因循守旧难免会导致墨守成规、故步自封、缺乏创新。随着19世纪后西方启蒙思想在东方的扩展，汉语（文言文）表现出了僵化、不够用的一面。可是，另一方面，由于当时主流文化中的保守势力强大，许多文人将古代文化作为一种图腾敬畏有加，不敢轻易加以改变，改革文体、创造新词汇、简化文字等语言文化方面的创新受到巨大阻力，出现了文化越来越跟不上社会发展的需要、文化与社会发展越来越不匹配的情况。可以说，在那种情况下，中华文化几千年的历史积淀反而成了沉重的包袱。

与近代中国相比，近代日本在东西文化、新旧文化的转化过程中表现得更为积极和理智。对于传统语言文化，日本不是一味地继承，而是审时度势地加以积极的改造与创新，以适应社会的发展要求。在娴熟掌握古汉语和西语的基础上，对借来的汉字没有任何拘泥，大胆地对旧文体进行改造，对汉字进行重新组合创造新词汇，并赋予汉语词汇新解释。

尤为值得注意的是，在近代中国国内文化与社会发展间的矛盾靠自力久久不能解决的时候，当时的许多国人转向同样使用汉字的日本，通过翻译日本学者的学术书籍或者转译日本学者翻译的西学书籍，试图借助外力来推动文化的变革和促进国家的近代化。

中国与日本，在近代虽然深陷共同的危机——同样面临西方列强急剧扩张所带来的巨大压力和东西文明的激烈碰撞，但却走上了两条完全不同的道路。其原因固然涉及种种方面，但可以说近代中日语言文化变革的不同轨迹在一定程度上预示了其后这两个东方国家所走的不同道路。

三、从汉语成语的日本语化看中日文化的关联与差异

中国人自古素有喜欢"四"这个数字的文化传统，看看汉语里为数众多的带"四"的四字词语就可以知道，如：四面八方、四世同堂、四面楚歌、四通八达、四平八稳、四脚朝天、四时皆春、四分五裂、四大皆空、四海为家、五湖四海、丢三落四等。不过，笔者认为，将这个文化传统体现到极致的应该算"成语"这个语言形式了。

成语，不仅是中华民族五千年历史文化精髓的沉淀，也是汉语中的瑰宝。汉语中成语所占的分量很大，可以说是汉语中的重中之重。笔者查了一下，《中国成语大辞典》（王涛[1987]）中收录有18000余条成语。成语是汉语特有的语言形式，虽然语法功能相当于词，但其含义比词丰富，表达的意思相当于词组或句子。汉语成语的绝大多数由四字组成，结构工整规则，音韵协调押韵，文辞典雅庄重，朗朗上口，易诵易记。虽结构短小，但其浓缩了一个故事，有完整的语境、人物和情节，而且背后往往有一条人生哲理，可谓言简意赅、寓意深刻。自古以来成语就是人们识字学文、提高修养、陶冶情操的重要路径。恰当活用成语，恰如珠落玉盘，顿使行文笔下生辉，文采斐然，富有表现力。

众所周知，汉字在公元5世纪左右从古代中国传到日本后，古代日本人开始借用汉字表意记事，并依据汉字创造出了日本语的平假名和片假名。因此，在成语、谚语等具有悠久历史的语言表现形式的形成方面，日本语受到了古代汉语的深远影响。日本语中的成语（「故事成語」「四字熟語」）可以说是日本历经一千五百余年汉字文化发展的结晶。日本语中的成语有两种类型：一种是引入汉语成语并将其进行日本语化；另一种则是"日造成语"（「和製成語」），即模仿汉语成语的四字形式，由日本人创造出的成语。不管是哪一种类型，我们均能从中窥见两国不同的文化底蕴。

不过，需要特别指出的是，日本语中，"四"和"死"发音一致（均为「し」），故

而日本人对这个数字并不喜欢，日本文化也不像中国文化那样对"四"有什么特殊情结。由此，也可看出日本语文字和语言的形成过程中所受汉语的莫大影响——竟然"毫不忌讳地"将汉语四言成语的形式乃至内容模仿、吸收过来。

在本章中，笔者将从汉语成语被改造日化的角度来对两国成语中显示出的中日文化间的关联与差异进行探讨。关于日造成语，则将在下一章"日造四言成语探源及其文化特征"中进行深入探讨。

在日本和中国都品尝过中国料理的朋友，一定会觉得两地的味道有所不同吧。反过来说，在中国和日本都品尝过日本料理的朋友，也一定会觉得有某种不同的感觉。就以在两国都成为主要食品的饺子（「餃子」）为例。在中国，饺子一般是指"水饺"，在日本，「餃子」一般是指"煎饺"。而且，日本的饺子比起中国的饺子皮薄，馅儿单一（基本上都是菜肉馅），肉和油较少，比较清淡。也就是说，饺子这种源于中国的食品，被日本人按照自己的口味改造过了。

饮食文化如此，语言文化亦然。实际上，在吸收中国语言文字方面，这种日化改造也屡见不鲜。在引进汉语成语这一点上，笔者发现日化改造十分有趣。被引进日本语的汉语四言成语，可以说是变得千姿百态。大致地可归纳为以下几种：

第一种，原封不动型——保持汉语成语原样。

第二种，调整字序型——调整或颠倒汉语成语前后字序。

第三种，变换字词型——变换汉语成语的字或词。

下面，我们就结合词例分门别类地来具体分析一下汉语成语日本语化的情况。不过，需要说明的是，每一种类型的例子都有很多，限于篇幅，这里不可能囊括全部一一列出，还请读者见谅。

（一）原封不动型

汉语四言成语一如原样地引入日本语的例子数不胜数。这里笔者从中选取了一些在中日两国日常生活中使用频繁的例句以飨读者（按汉语拼音排序，下同）。

汉语	日本語
安居乐业	安居楽業
半信半疑	半信半疑
不可思议	不可思議
才色兼备	才色兼備
大器晚成	大器晚成
大同小异	大同小異
打成一片	打成一片
单刀直入	単刀直入
东奔西走	東奔西走
夫唱妇随	夫唱婦随

续表

汉语	日本語
古色苍然	古色蒼然
孤立无援	孤立無援
画龙点睛	画竜点睛
佳人薄命	佳人薄命
开源节流	開源節流
空前绝后	空前絶後
空中楼阁	空中楼閣
柳暗花明	柳暗花明
流言蜚语	流言蜚語
落花流水	落花流水
论功行赏	論功行賞
马耳东风	馬耳東風
旁若无人	傍若無人
起死回生	起死回生
千军万马	千軍万馬
晴耕雨读	晴耕雨読
轻举妄动	軽挙妄動
青云之志	青雲の志
群雄割据	群雄割拠
弱肉强食	弱肉強食
神出鬼没	神出鬼没
四面楚歌	四面楚歌
他山之石	他山の石
泰然自若	泰然自若
玩物丧志	玩物喪志
唯我独尊	唯我独尊
温故知新	温故知新
卧薪尝胆	臥薪嘗胆
五里雾中	五里霧中
喜怒哀乐	喜怒哀楽
闲云野鹤	閑雲野鶴
新陈代谢	新陳代謝
行云流水	行雲流水
一刀两断	一刀両断
一刻千金	一刻千金
一视同仁	一視同仁
一衣带水	一衣带水
衣锦还乡	衣錦還郷
饮水思源	飲水思源
有名无实	有名無実
雨后春笋	雨後春筍
朝三暮四	朝三暮四
自给自足	自給自足
醉生梦死	酔生夢死

试看上述四字成语，除了个别汉字日本人用的是汉语繁体字以外，几乎原封不动，我们从中可以了解到日本语借用古代中国汉字的程度。这类汉语成语，为什么没有被加以任何改造而得以原封不动地引入日本语了呢？笔者想来，可能是对于日本人来说，维持原来的形式比自己改造更能表达其意思吧。也就是说，在使用和审美这两方面，日本人都觉得这些汉语成语没有异样的感觉，接受起来比较自然。

对于这种类型的汉语四言成语的日化，值得注意的是虽然汉语和日本语的表现形式一样，但随着双方语境和各自语言的变化发展，也有其意思不一致的情况出现。笔者查阅过《现代汉语词典》（第 5 版）和『広辞苑』（第五版），通过对比两者的解释，发现了一些有趣的结果。譬如，汉语的"柳暗花明"和日本语的「柳暗花明」本意都是形容柳树成荫，繁花耀眼的美景，汉语用此来比喻在困境中看到光明与希望，而日本语则基本保持原意，但有时用来表示花街柳巷，这可与汉语的意思差得十万八千里了。汉语的"落花流水"和日本语的「落花流水」本意都是表示"败落的花和流动的水"，汉语用此来形容春景衰败，并引申用来表示一败涂地的惨状，而日本语则用此来比喻男女的两情相悦（解释为"落花愿随流水一路漂流，流水也愿载落花一路"），想象力真够丰富、够浪漫的！再来看一例，汉语的"一刀两断"和日本语的「一刀両断」本意都是表示一刀将某物切为两个部分，之后汉语引申用来比喻坚决断绝关系，而日本语则引申用来形容迅速作出决断、果断采取措施的态势。出自佛教用语的汉语"打成一片"和日本语「打成一片」本意表示"去除一切杂念，身心融合为一个整体"，后汉语用此来形容众人思想感情融洽、关系和谐，而日本语则基本保持原意。

并非所有的汉语成语都是原封不动地被引入日本语。下面就让我们来看看四言成语在日化中出现的变化。

（二）调整汉字顺序型

汉语	日本語
闭月羞花	羞月閉花
不屈不挠	不撓不屈
不省人事	人事不省
残花败柳	敗柳残花
德才兼备	才徳兼備
多才多艺	多芸多才
粉身碎骨	粉骨砕身
干燥无味	無味乾燥
寡不敌众	衆寡不敵
过眼云烟	雲煙過眼
海阔天空	天空海闊
旁征博引	博引旁証
杞人忧天	杞人天憂
山珍海味	山海珍味
生死有命	死生有命

续表

汉语	日本語
铁石心肠	鉄心石腸
退避三舍	三舎退避
万紫千红	千紫万紅
心猿意马	意馬心猿
以德报怨	報怨以徳
异曲同工	同工異曲
因果报应	因果応報
云消雾散	雲散霧消
堂堂正正	正正堂堂
左顾右盼	右顧左眄

这些汉语成语日本语化时显然对字序进行了调整。为什么特意调整了字序呢？这个疑问一直在笔者脑中萦绕。通过将它们与第一种类型中罗列出的四字成语相比较，原封不动型的成语基本上四个字之间的修饰关系受到语法或词义约束，字序不能改变。倘若将其字序颠倒，则会出现意思不通或不同的情况。譬如，「傍若無人」表示的是「傍らに人無きが若し」，倘若将字序颠倒改成「無人傍若」意思就不通了；「臥薪嘗胆」表示的是「薪に臥して胆を嘗む」的连谓（连动）关系，若是改成「嘗胆臥薪」修饰关系就变了；「温故知新」也是如此，用连谓短语的方式来表示「前に学んだことをもう一度調べたり、考えたりして、新しい道理や知識を得る」的动词先后关系，要是变成了「知新温故」，就违背孔老夫子的本意了；同样，若将「夫唱婦随」变为「婦随夫唱」则颠倒了动词先后关系，因为先"唱"才能"随"嘛，而若变为「婦唱夫随」，那问题就更大、更不能被人接受了，因为这下颠倒的可就不仅是语法上的逻辑关系（主语改变了），而是触动、违反了"丈夫是一家之主"的家庭伦理规范了。而调整字序型的这些成语，都是即使将字序调整也不会影响成语整体意思的，其中又包含三种情况：第一种是将表示并列关系的前后两组短语进行调换，如"心猿意马"变为「意馬心猿」、"不屈不挠"变为「不撓不屈」、"多才多艺"变为「多芸多才」等；第二种是将前后两组结构对称的短语的某成分进行调换，如将"云消雾散"中的动词互换变为「雲散霧消」、将"万紫千红"中的形容词互换变为「千紫万紅」、将"铁石心肠"中的被修饰名词互换变为「鉄心石腸」等；第三种与前两种情况的不同之处在于整个成语由一个短语组成，调换时是对这个短语的某成分进行调换。如将"过眼云烟"中的被修饰名词"云烟"提前变为「雲煙過眼」、将"不省人事"中的动词"不省"推后变为「人事不省」等。当然，由于第三种情况中的成语不像前两种情况那样由结构对称的两组短语组成，这样一调换，严格地说，整个短语中的成分结构发生了变化，如汉语的"过眼云烟"是体现定语修饰关系的偏正短语，相当于"过眼的云烟"（「目の前を通り過ぎる雲や霞」），而日本语化了的「雲煙過眼」是主谓短句，表示「雲や霞が目の前を通り過ぎる」（"云烟过眼"）。汉语的"不省人事"是动宾结构，而日本语化了的「人事不省」则是将其按照日本语的语序（宾语在前，谓语动词在后）进行了调整。

最后，需要提及的是，这里有些日本语化的成语依然保持了古典汉语成语的词形，也就是说，是现代汉语在历史演变的过程中改变了原来的词形。譬如，「粉骨碎身」出典于唐代文学家蒋防（约792—835）的《霍小玉传》："平生志愿，今日获从，粉骨碎身，誓不相舍。"而现代汉语"粉身碎骨"的形式则最早出现于明代名臣于谦（1398—1457）的《石灰吟》："千锤万击出深山，烈火焚烧若等闲；粉身碎骨浑不怕，要留清白在人间。"

（三）变换汉字型

汉语	日本語
本末倒置	本末転倒
不共戴天	不倶戴天
大材小用	大器小用
光怪陆离	光彩陸離
鹤立鸡群	鶏群一鶴
虎头蛇尾	龍頭蛇尾
街谈巷议	街談巷説 / 街談巷語
津津有味	興味津津
旷日持久	曠日弥久
满目疮痍	満身創痍
茫然若失	茫然自失
起承转合	起承転結
器宇轩昂	意気軒昂
日新月异	日進月歩
三头六臂	八面六臂
山清水秀	山紫水明
生杀予夺	生殺与奪
水天一色	水天彷彿
随机应变	臨機応変
脱胎换骨	換骨奪胎
细枝末节	枝葉末節
一日三秋	一日千秋
疑神疑鬼	疑心暗鬼
异口同声	異口同音
优柔寡断	優柔不断
游刃有余	遊刃余地
支离破碎	支離滅裂

这些汉语成语，在变成日本语时都不同程度地改变了其中的字或词。用汉日对比的方式排列出来，着实有趣。笔者注意到，这些成语中的汉字在日本语里都有。那么，对于日本语中已有的汉字，为什么日化时要把它们变换成其他的字或词呢？譬如，"不共"变成了「不倶」，"大材"变成了「大器」，"满目"变成了「満身」，"日新"变成了「日進」，"随机"变成了「臨機」，"三秋"变成了「千秋」……笔者认为这可能与日本语汉字和中国汉字在字义理解上的差异、日本语语言上的习惯和音韵上的方便等因素有关。而"山清水秀"和「山紫水明」对山水形容各异，似乎可以理解为两个民族在审美感觉上的差异。

不过，值得注意的是，与第二种类型一样，第三种类型中的有些日化的成语其实也是忠实于中国古典的。譬如，「龍頭蛇尾」（龙头蛇尾）其实是出自南宋思想家朱熹（1130—1200）的《朱子语类》第130卷："如在欧公文集序，先说得许多天来底大，怎地好了，到结束处，却只如此，盖不止龙头蛇尾矣。"而"虎头蛇尾"则出典于元代戏曲作家康进之（生卒年不详）的《李逵负棘》第 2 折："则为你两头白面搬兴废，转背言词说是非，这厮敢狗行狼心，虎头蛇尾。"（刘益国 [2001]，p.202）可见「龍頭蛇尾」是在早些时候被引入日本语的。再如，"脱胎换骨"和「換骨奪胎」（换骨夺胎）均为道教用语，但出典却不同。"换骨夺胎"出典于北宋著名诗僧惠洪（1070—1128）的《冷斋夜话》第 1 卷："然不易其意而造其语，谓之换骨法；窥入其意而形容之，谓之夺胎法。"（郑子瑜 [1984]，p.182）而"脱胎换骨"则出典于南宋道士、词人葛长庚（1194—1229）的《沁园春·赠胡葆元》："常温养，使脱胎换骨，身在云端。"（王涛 [1987]，p.1296）再看一例，「異口同音」（异口同音）出自南朝文学家沈约（441—513）的《宋书·庾炳之传》："伏复深思，只有愚滞，今之事迹，异口同音，便是彰著，政未测得物之数耳。"而"异口同声"则是其"现代版本"了。

第三节　中日"龙"文化交流与融合

一、龙文化在中国的象征意义

（一）祖先的象征

人们在无力改变自然界突发状况时总是希望出现超越自然的力量来帮助他们渡过灾难，而龙恰好集合了所有人们需要拥有的力量。所以龙适时地出现于夏商时期，作为信仰的图腾，是神灵，能通人性，能使人逢凶化吉。这里有一个有趣的现象，龙并未像其他古老文明中的图腾一样，随着新时代的来临，被新事物替代走向消亡，反而随王朝的更替、华夏地域的变化而逐渐强大，纵横贯穿南北东西。这使龙的存在更像是民族的象征，而非单独的图腾。

如今，图腾时代虽早已逝去，但龙在人们心目中的地位仍然可以说是至高无上，这其中的原因不只是对神灵的崇拜，更多源于后世对帝王对龙纹的利用以及长期形成的民族认同感。这里我们弄清了古代文物与文献中龙的来源之后，进一步要探讨的是人类早期对龙文化的利用，它为帝王的天命论提供了必不可少的依据。

早在商代人们就塑造出完整的龙的形象，随着中原文化的扩散，龙不仅成为商王朝的神灵，也被各周边国家接受，并被共同尊崇为能通天的神兽；巫术盛行的蛮荒时代曾以鳄鱼代替龙的形式进行祭祀，这样的代替又给了人们更为生动而深刻的印象。于是，龙就有了可连接的实体，人们将龙定位成有神通、聪明的神兽。随着文明的到来，民族逐渐形成。

为了本民族的发展强大，人们将关于祖先的传说与龙联系在一起，用以提高民族的地位、尊严与凝聚力，这件事成为历史之必然。

据史籍所载，中国古代不少民族具有尊龙的习俗，越民族就是其中之一。在中国传统观念中，龙是一种生活于水中并掌管水中生物、能赐福降祸的神兽。越人很自然地会认为这些威胁的根源在于龙。于是，他们模仿龙的形象，以此来祈获龙神的保佑。他们认为文身可取得成为"龙子"的资格，能赢得人们的尊敬。由此足以看出越人对龙的崇敬之心。我们可以推想出，当时的越国统治者兼大巫师身上所文的图案，必定也与龙有着千丝万缕的联系。

（二）祥瑞的象征

在中国龙文化中，龙不仅被视为一种通天的神兽，而且还被视为一种吉祥瑞兽。在古人看来，龙既然能沟通天地，当然也能代表天或神，给人庇佑。所以，人们很自然地把龙当作昭示吉祥幸福的瑞兆。古代统治者甚至还把龙的出现当作国泰民安的象征。

据古代文献记载可知，古人认为，凡统治者的作为顺乎天意，就可以令年景风调雨顺、社会平定昌盛，就会有奇禽异兽出现来显示祥瑞。这种奇禽异兽可有多种，其中主要为龙、鳞、凤、龟四灵。《礼记·礼运》云："故圣人作则，必以天地为本，以阴阳为端，以四时为柄，以日星为纪；月以为量，鬼神以为徒，五行以为质，礼义以为器，人情以为田，四灵以为畜。……何谓四灵？鳞、凤、龟、龙，谓之四灵。故龙以为畜，故鱼不淰；凤以为畜，故鸟不獝；鳞以为畜，故兽不狘；龟以为畜，故人情不失。"这里明显指出，"圣人"应该是能够掌握与利用四灵，使之为自己服务的人。《管子·小匡》载有："昔人之受命者，龙龟假，河出图，洛出书，地出乘黄。"这里的龙、龟与河图、洛书、乘黄一样，既显示祥瑞，又是为"受命者"服务的。

更重要的是，使用带"龙"字的年号的帝王们，是希望龙神显灵，为他们带来更多的好运，使得他们的政权能够长治久安。因此可以说，"龙"在中国文化中早早地被赋予了"神圣·祥瑞"这一象征意义，这一象征意义延续至今。

汉代是动物显示灾祥观念盛行的时代，这种观念与"五德终始说"相融汇，所以产生了《史记·封禅书》中"黄帝得土德，黄龙地见。夏有木德，青龙止于郊，草木畅茂。殷有金德，银自山溢。周得火德，有赤之符。今秦变周，水德之时。昔秦文公出猎，获黑龙，此其水德之瑞"的说法。那么汉代应以何德王天下呢？"鲁人公孙臣上书曰：'始秦得水德，今汉受之，推终始传，则汉当土德，土德之应黄龙见。宜改正朔，易服色，色上黄。'是时丞相张苍好律历，以为汉乃水德之始，故河决金堤，其符也。年始十月，色外黑内赤，与德相应。如公孙臣言，罢之。后三岁，黄龙见成纪。文帝乃召公孙臣，拜为博士，与诸生草改历服色事。其夏，下诏曰：'异物之神见于成纪，无害于民，岁以有年。朕祈郊上帝诸神，礼官议，无讳以劳朕。'"由此可知，西汉初期，张苍的"水德说"曾占据上风，而公孙臣的"土德说"竟以远在成纪（今甘肃天水一带）的黄龙出现事件而终获胜利，张苍也，"由此自绌，谢病称老"。像这样的朝廷大事竟以一次"见龙"的偶然事件为依据，显然只有在当时的宗教背景下才会出现这种现象。

（三）专制王权的象征

帝王们喜以"龙"作为年号，不仅是因为神龙可以为他们带来更多的好运，使得他们的政权能够长治久安，也是因为可以通过年号再次昭告天下，自己即为真龙天子。王家范先生也曾指出："纵观中国封建社会的历史，统治者将自己与龙相联系，无不带有明显的功利主义目的：或因其出身低微借此提高威信，或因社会动荡以此麻醉人民。从某种意义上说，政治中的龙只是一种推波助澜的添加剂。"

（四）民族文化的象征

20世纪80年代以来，《龙的传人》《中国龙》《相聚在龙年》《中国，龙的故乡》等通俗歌曲广为流传、家喻户晓，"龙的传人"的说法深入人心。从中可以看出，人们把龙当作民族文化的象征。

说"龙"可以指代中国或者中华民族，相信大家都不会有什么异议。2009年6月26日的《解放日报》上，刊登了一篇题为《从"龙象之争"到"龙象共舞"》（作者王德华）的文章，仔细阅读文章可以发现，其中"龙象之争"和"龙象共舞"中的龙和象分别指代中国和印度，如今用"龙"来象征中国或中华民族的情况越来越多。其实，早在150年前，中国人就开始在外国人面前以"龙"作为国家和民族的象征了。19世纪，中国的国门被打开，清政府不得不适应近代外交的需要，设计了一面"国旗"，国旗为三角形，黄色底面上绘有一条青龙，悬挂于中国的官船之上，代表中国。在确定三角黄龙旗为国旗之前，总理衙门曾向慈禧太后提交了很多备选方案，包括八卦旗、麒麟旗、虎豹旗，但是慈禧认准了"龙"是君主的化身，金黄色又是皇家独享的颜色，既然"朕即国家"，那么用黄龙来代表大清，是最为合理的。此时的"龙"，不仅象征着国家，也象征着王权。

清朝灭亡后，中国不再以黄龙旗为国旗了，但"龙"被赋予的"国家·民族"这一象征意义却被保留了下来。虽然目前有学者提出要重新建构向世界展示中国国家形象的品牌，"龙"可能不再作为中国以及中华民族的象征，但是本书认为，经过几千年的发展逐渐成为"中国大陆各部族不同文化、宗教、风俗的统一融合体"的"龙"是最能够代表中国、代表中国人民的。因此，今后应该将摆脱了封建王权的"国家·民族"这一象征意义发扬光大。

综上所述，中国的"龙"文化在其漫长的历史发展过程中，逐渐被赋予了祖先、神圣·祥瑞、王权、禁忌、江河湖海、民族·国家这六大象征意义。这些象征意义之间既有区别，也有联系，共同构成了一个统一融合体，促进中国"龙"文化进一步发展。

二、日本农业社会中的龙文化

（一）日本龙

在日本人的眼里，龙和蛇的区别非常小。蛇进入江河湖海可以变成龙，飞到天上也可以变成龙。龙是想象中的动物，蛇却是现实里的动物，一个具有象征性，一个具有真实性。日本龙的起源本就是生活于深山湖泽之中管理水源的蛇，在地下冬眠和蜕皮，代表着死亡和新生，象征着轮回和永恒。它凭借中国阴阳五行说，将本地的蛇和中国的龙融合起来，并且融入了佛教思想，创造出了有日本特色的龙神。龙神是神圣不可侵犯的农田之神、水神、海神、山神、婚姻神，可以呼风唤雨，左右农民的生活，大多性格柔和，乐于助人，对人类十分友善，和人类友好相处，给人以恩惠。

日本"龙"的基本内涵与中国"龙"几乎是一致的，也有着天人合一、团结和谐、综合创新、兼容并包、自强不息、厚德载物的特点。但是由于日本"龙"在日本与蛇的区别不明显，所以也带着一些蛇的文化内涵。

在本书中主要进行的是"龙"的研究，所以对于与蛇相似的内涵不作过多的涉及。

中国与日本同属于亚洲国家，在世界上被统称为"东方国度"。中国与日本文化中都有与"龙"相关的文化，在传播与交流中不免出现一些摩擦和冲突，在分期、形象、内涵等很多方面有相同之处，也有不同之处。这些不同之处是值得我们进行深入研究与分析的。

（二）日本人对龙文化的认同心态

本书所涉及的日本龙文化，主要指在日本本土化后的龙信仰习俗。由日本的俗民创造、发展、传承的日本龙文化，受到仍保留水稻种植的日本农村社会的认同，即便在日本科技高度发达的现代社会中，仍是支撑人们精神世界的力量。传统习俗的力量在日本仍具有极强的生命力。

（三）司水龙神的传入与稻作文化的关系

随着中国文化的东传，龙深深扎根于日本人的生产生活中。虽然龙在日本并没有获得与中国相同的地位，但是，龙作为神的一种，在日本民间精神信仰中仍旧起着不可替代的作用。

龙在日本更多是作为农耕神而存在的。弥生时代，龙随稻米种植技术传入日本。当水稻种植在日本成为最主要的农耕方式的时候，水也随之成为农业生产中最重要的生存条件，这时，日本人认识、了解并接受了龙，还把龙融入民间神话，使其成为雨神、雷神、水神、农耕神等多种形象。在日本的农耕社会中，龙是非常实用的一种神灵形象，虽然没有人见过龙，但人们对其仍旧深信不疑。但是，龙在日本并没有成为众神之长，只是成为众神之一。

日本神话中本就有关于蛇的传说，所以，龙在日本的地位略低于蛇。如在8世纪形成的记纪神话中出现的八岐大蛇，被认为是日本大蛇神话的始祖。在日本众多神话中，始终占据着十分重要的地位。

龙在传统信仰方面，中国与日本还是有着很大的差异的。中国对于龙的信仰和崇拜要大大高于日本对龙的崇拜，所以，龙在中国的地位要远远高于龙在日本的地位。这是中日龙在传统的信仰中最大的差异。

龙文化产生于中国。虽然在世界各地都有着称为"龙"的神话传说，但基本上与中国有关的龙，原型都在中国。与中国文化无关，而又称之为"龙"的西方神怪，只是在中西文化词汇对译时处理不当导致的概念混淆，从中国龙、西方龙的产生、成长、成熟几个角度看，相互之间都没有什么联系。

存在于日本列岛的龙与龙文化，在日本文明产生史中找不到作为土著文化发生的证据，不具有雏形、演变、发展、成熟、传播的系统性结构，可以断定是传自中国大陆的外来文化。据史料记载，日本从中国大陆吸收稻米种植文化的初期，曾缺乏作为与稻作农业的要害——需水的性质相匹配的、信仰领域的支撑，日本土著的水神大蛇已无法应付日益发展的社会需求，日本农耕社会急需一个替代大蛇的新形象的水神。就这样，龙神信仰在佛教的大规模传入中应运而生。

在公元6世纪，佛教和道教传入日本列岛，并迅速普及开来，为日本列岛的精神文化增添了新的内容。原始宗教神道教在强势的大陆文化面前，迫于生存，开始寻求与佛教、道教的共存和融合之路。平安时期"神佛习合"运动中出现的"本地垂迹"观点就是日本人对神道教融入佛教体系所作的努力。从此，以祈祷狩猎和农耕的收获、免遭自然灾害为目的的泛神崇拜的神道教，开始在佛教的影响之下，采取"佛主神从"，将佛教、道教、儒教的思想体系作为统治国家的正统意识形态。

佛教受到尊崇，为其守护神八大龙王和中国道教、土著宗教的龙作为农业特别是稻作守护神在日本列岛的定居铺平了道路，使之成为日本古代农业社会尊崇的司水龙神。如同神道教寻求与佛教相融合一样，日本古代曾有过的水神大蛇借助于龙产生过程中曾有过的蛇形象要素，与龙结下亲缘关系，功能上有了相近之处。但是，大蛇文化建立在"恶蛇"的基础上，属于被英雄所斩的对象，不是日本农业特别是稻作农业发展所需的神灵。从这一点来说，大蛇必须与龙结合，改变作恶的形象，从而使自己承受住以强势佛教文化为背景的龙文化的冲击，不至于被历史唾弃。

从另一角度说，以龙神为代表的中国龙文化在日本"定居"，并成为日本农业特别是稻作的守护神，是以稻米种植为中心的农业社会发展的结果，是稻作文化需要一个功能性精神支柱所致。民以食为天，传自中国的龙文化和稻米种植文化可以说对日本列岛先民的生存、繁衍和文明的发展起到了重要作用。换言之，中国龙文化在日本的传播基础是稻作文化，确认稻作文化是日本古代文化的主流就显得非常有必要。

在日本学界，曾有过日本文化是稻作文化还是山文化、海文化的争论。从历史事实来看，稻作文化为主流是没有错的。虽然现在日本农业全面衰退，但仍作为日本国民的基本生计和日本文化的精髓，保留着一些稻米种植的农业。上溯至古代，稻作文化使日本列岛的先民们脱离了以植物采集、狩猎和捕捞为主的落后生产方式，进入农耕社会，使社会大大进步。这种以稻米种植为主的农业模式一直持续到第二次世界大战后。

日本的稻米种植技术传自中国大陆。这一点是不可否认的。但是，学界还有印度起源说，即起源于印度，经中国、朝鲜再传到日本的说法。在日本发现的最早的稻谷实物是在冈山和鹿儿岛发现的，可以追溯到六千年前的绳文时代前期，被称为烧田种植的"热带 japonika"。此外，还有日本学者从遗传基因的角度，证明传播途径有朝鲜和中国大陆两条。日本从弥生时代就开始种植"温带 japonika"，只有三千七百年历史的印度稻，在时间上就十分勉强了。

日本的研究人员曾对亚洲各地的水稻进行过品种分布和变异的研究，结果表明中国西南地区是水稻品种的变异中心，证明了中国长江下游地区是栽培稻的起源地。中国的考古调查成果还表明，在湖南道县玉蟾岩遗址、江西万年仙人洞遗址发现了距今八九千年前的稻谷遗迹。浙江河姆渡遗址还出土了多达百吨的古代栽培稻的实物，据碳14测定，距今大约七千年。这比国际学术界一直认为的印度起源说早了三千多年，从印度经中国再到日本的说法就越发站不住脚了。

证明水稻中国起源说，不仅仅是为了支撑早期中国稻作文明产生的事实，在本书中，目的在于佐证日本稻作农业与司水龙神的发生、发展的同步性，为龙神信仰与稻作的密切关系夯实基础。

（四）向司水龙神灵嬗变

随着日本整个国家进入现代化，农业领域也有大量的新技术应用，良种、化肥、机耕、机种、机收、水利设施等为农业的高产和旱涝保收奠定了稳固的基础。可以说，日本的农业科技与国家的工业、科技的水平相当，在亚洲和世界上都属于先进行列。然而在传统的信仰领域，日本人仍离不开神佛，相信物质的创造是上天保佑的结果。高科技如此，工业、渔业如此，农业的丰收也不例外。与中国不同，在日本，时代的变化对农村的信仰领域冲击不大，龙神就是在这种环境下，从古至今受到供奉、祭祀的。

古代日本有与水有关的大蛇神话，是日本人大蛇崇拜的主要依据。至今，九州地区仍有根据当地神话进行的、以祈祷风调雨顺为目的的大蛇祭祀活动。大阪民族博物馆中保存有草编大蛇的实物，介绍了日本农村社会主要是稻米种植地区的水神祭祀活动。

外来的龙成为司水神的背景和原因很多，其中土著信仰中的大蛇本身的功能欠缺是导致龙登场的重要原因。龙文化通过几种形式传入日本，农耕社会的司水龙神则是随着佛教传入日本列岛。水是农业的命脉，尤其是靠天上来水的四国地区，可以用生死存亡来形容对水的依赖。在脱离以植物采集、狩猎、捕捞为主的原始生产方式，进入以水稻种植为主的农耕社会后，日本列岛居民们的生活、生产方式大大改观，社会文化进入发展期。公元6世纪，佛教普及，通过"本地垂迹说"与日本本土的神道教融合，司水龙神受到尊崇，原始土著宗教神道教的祈祷丰收、风调雨顺的功能，有相当一部分集中到龙神的身上。佛教的"因果应报"观促使人们在喜获丰收后寻找报答对象，以表感激之情。又在旱魃为孽、如惔如焚之时，急于向拥有超自然力的神灵寻求帮助，以解燃眉之急。

在古代，社会生产力发展到某一阶段时，人们便需要某一个超自然的力量来解决生产中遇到的难题。考古学认定中国栽培水稻历史比司水龙神的产生稍早一些，可以理解为龙从氏族图腾到一般的司水神灵需要一个转变形象、功能的过程。而水稻以及作物栽培的普及、技术成熟也需要时间，二者在不同的两条轨道上行驶一段时间后，便并入同一条轨道，产生相互依赖。以稻米等为首的作物栽培需要神灵满足人们确保丰收的祈愿，龙在社会变革中需要获得新的生存动力，逐渐向司水龙神发生嬗变。这样，二者在漫长的农业社会中一起走到今天。

三、中国龙文化与日本龙文化的融合

（一）传入日本的中国龙

蛇作为自然界物种之一的性质，使蛇图腾的产生早于龙图腾。以蛇为原型的龙在形成和定型阶段还吸取了某些鱼类、鸟类、爬虫类如蜥蜴、鳄鱼等其他动物的体貌特征和性格。而当时的日本列岛在地理、气候上没有其中许多原生动物，不具备将蛇演绎成龙的要素。换言之，神话中的大多数动物形象的神灵都在体貌上保留着原状或最重要的体貌特点。在日本凭空创造龙的形象，从结果——今天龙的形象上来看，是不太可能的。

近年来，日本有人演绎日本龙的产生，说日本列岛是龙形，岛下有龙潜伏等等。其实，这些都是近现代以来的演绎，没有史料支撑。虽然龙与大蛇都是传说中的水神，本身就是愚昧时代的产物，对其进行民俗学领域的科学研究，就是为了确认这种信俗产生的原因和过程，如果研究本身建立在唯心主义、不科学的基础上，这个研究就不可能得出正确的结论。日本的考古发掘还没有一例证明龙产生的蛛丝马迹，没有一个合理的解释来证明龙的形态、功能如何形成，只能说龙是来自于中国的外来文化。在中国考古调查中发掘出的种种龙产生的证据链面前，"龙国日本"的论调显得苍白无力。

龙是司水神灵，在佛教普度众生的口号下，以为农业带来风调雨顺为己任。大蛇则是水害神灵，兴风作浪、制造洪水是其在传说中的主流形象，因而在日本古代传说中，成为被诛杀的对象。设想，当年如果没有龙以及龙文化的传入，日本的农业社会会怎样？日本的古人将寄托着人们风调雨顺夙愿的司水大权委给何种神灵还是一个未知数。从民众心理上看，日本土著的水神大蛇是水害之神，以制造水害的负面形象出现在传说中，人们祭祀大蛇多是出于恐惧，舞蛇游街带有猎人将诛杀猎获物作为战利品示众的意义，起到警示大蛇不要兴风作浪的效果。因此，大蛇不能承担起全面进入农业社会后的司水神灵的角色。而龙，在中国土著的龙与佛教的那迦结合中，成了为人们带来风调雨顺的吉祥龙神。人们祭祀龙是出于内心的崇敬，舞龙则是为了迎接龙王爷的降临而一睹其风采。总之，龙的性格和功能，决定了它在司水领域的至高地位。

从文化产生的顺序来说，由于龙形象中具有蛇的要素，蛇图腾崇拜应早于龙崇拜。龙文化是作为后来居上者超越蛇文化的。

但是，龙传入日本并没有导致龙信仰顶替日本先期已有的大蛇信仰，而是经历过一系列的本土化进程后，与原有的土著大蛇文化在形象上相重叠，或在类似文化基因——司水功能上相融合，成为日本民间信仰中诸种神灵之一。基于神话传说产生的龙，在日本也产生了不少原生本土传说。东北上越地区流传着许多关于龙的传说，这些民间传说包含着大量佐证日本的龙性质、功能的信息，是研究"和龙"的极好资料。

日本神话传说中出现的龙的形象更像蛇。例如，日本最古的文学作品《古事记》中记载的多头龙蛇怪物以及其他神话故事中出现的龙头蛇身的怪物。这些所谓的龙的形象，乍看之下和蛇是一样的，但是具有龙的很多特征。所以日本人对于龙蛇形象划分并不是很清晰。在日本的神话传说中，龙蛇的区别没有明显的界线，两者有时甚至是可以互相转化的。如果要追究这种龙蛇形象暧昧的原因，恐怕要归结于日本人一直以来对于自然的崇尚。日本是一个神道教信仰的国家，神道教最初以自然崇拜为主，属于泛灵多神信仰（精灵崇拜），视自然界各种动植物为神祇，要求人要热爱自然、崇尚自然并与自然合二为一。所以相对于中国虚幻的龙的形象，日本人更愿意相信龙本属于自然，所以自然而然地将它与自然界中存在的、与龙略有几分相似的蛇的形象合为一体。《古事记》中出现的多头龙蛇妖怪的形象和中国的蛟的形象颇有几分相似，都是龙中的恶类。但是，日本人眼中的龙并不完全是恶龙，在日本动漫大师宫崎骏的代表作《千与千寻》中出现的小白龙就是正义和善良的代表。在谈到故事里的小白龙时，宫崎骏坦言是从中国《白蛇传》里获得灵感的。在他看来，蛇的身上有龙的特征，龙的精神里也有蛇的性格，这就是日本人内心深处龙蛇一体的体现。

（二）日本龙的分期

随着时代的发展，各个地区之间有了更加密切的联系，这也让中国的龙传播到了日本。龙传入日本之后，产生了一些变化，在各个时期有着不同的特点。为了便于理解，我们用日本比较知名的时期为分界点，对日本龙的历史时期进行了分期。

1. 弥生时代至奈良时代

弥生时代，中国龙通过方士传入日本，对弥生时代土器上的龙图纹研究是最具代表性的。这一时期，龙在日本基本确定了形象和作用。古坟时代的日本龙和弥生时代并没有太大差别，只是在日常生活中更为常见；并且在这一时期，日本龙开始与虎相对而言，成为强者相争的标志。这时的龙也开始出现在刺绣、镜子、马具、刀具上。6世纪以后的古坟时代，龙开始出现在壁画之上。但是这时的龙只是出现在象征王权的事物之中，普通人是不能用龙来做装饰的。

奈良时代是日本龙的成型期，也是日本龙的初步发展时期。

2. 飞鸟时代至平安时代

随着时间的逐步推进，飞鸟时代，日本各种宗教礼仪日益盛行，龙在日本也发展成为主管降雨的神灵，与中国的龙王的功能相似。根据有关9世纪中期的资料显示，室生时期出现了"龙穴"这一事物。这种龙是生活在洞穴之中的，因此，龙穴只是一种称呼。这一时期，主管降雨的神灵得到极大的推崇，成为当时主要的信仰，这其中，又以龙最为典型。

平安时代是日本龙的成长时期，也是日本龙最为活跃的时期。这一时期，日本龙也与宗教有了融合，成为当时日本宗教势力的代表，也是宗教体制的思想基础。

3. 镰仓、南北朝、室町时代

中世日本的龙有了一些变化。人们开始认为，地震、火山喷发是龙在地底的活动和吼叫。人们相信，龙是日本国土的守护者。到了这一时期，龙、龙王、龙神这几种神灵形象在日本彻底融为一体，成为主管风雨的水神。

这一时期，由于蒙古的入侵，日本国土受到了巨大的威胁，在战争中，人们相信龙会保佑日本的将士们百战百胜，也会保护日本人民免受战争之苦，保护日本国土不受外族侵犯，因此，龙也成为守护日本国土的守护神。

中世是日本龙的成熟期，也是日本龙的守护内涵的形成时期。

4. 江户时代

江户幕府的统治下，日本封建体制进一步强化，日本禁止了除了中国和朝鲜以外的所有的对外航海和贸易，开始形成了孤立的状态。1633 年，第五次锁国令发布，直到 1854 年，才重新开始中断了将近 200 年的航贸。这一时代，浮世风俗题材流派的画家在日本开始流行，这时日本的龙也发生了相应的变化，风格开始偏向浮世绘风格，但是整体形象和内涵并没有太大的改变，仍旧和前代差不多。这一时期，日本的《和汉三才图会》出版，以中国的《三才图会》为蓝本，编集者是大阪的医生寺岛良安和教师和气仲安。这本书的第 36 卷龙蛇部是对日本龙历史概况首次进行详尽描写的章节。这可以看出，这时的龙，在日本已经占据了历史的一部分，成为日本神话历史中不可或缺的重要组成环节。

江户时代是日本龙稳定发展的时期，也是日本龙确立历史地位的时代。

5. 明治、大正、昭和时代

19 世纪后期，江户幕藩体制土崩瓦解，中央集权统一制度的资本主义日本逐步形成，明治政府天皇亲政体制的转换带来了一系列的改革。受到西方思想的影响，日本的近代化过程也在加速。这时的日本开始剔除传统的中国各种思想的限制，西方独立自主的思想日益深入人心。但是，作为代表中国的符号——龙，在变革的过程中并没有被强行剔除，而是继续作为一种重要的信仰而在日本广泛流传着。

这时，日本龙的地位得到进一步的巩固和发展，日本龙的形象越来越丰满，内涵也越来越丰富。

综上所述，日本龙大致可以分为五个时期，每个时期的龙有传承，也有发展变化，这些传承和变化形成了日本神话历史中的龙文化。

（三）中国龙文化与日本本土化的结果——和龙

日本"和龙"基本上是中国龙和日本本土大蛇混体的结果。中国龙大约在日本的弥生时代后期传入日本，例如九州南端发现了公元1世纪的龙花纹铜镜。同样农业经济占重要部分的日本，求雨和农业丰收成为民间信仰龙的重要条件。在中国龙传入之前，日本信仰的是本土大蛇。本土大蛇的存在不是作为农业的保护神，而是阻碍农耕的"恶蛇"，在流传的传统故事中，都是要斩杀大蛇的。

公元6世纪，佛教和道教传入日本，日本本土的宗教神道教开始了与大陆文化的佛教、道教共存之路，平安时期"神佛习合"运动中出现的"本地垂迹"就是表现。处于泛神崇拜的神道教在佛教的影响下，将佛教、道教、儒教的思想体系作为统治国家的正统意识形态。而此时一同传入的中国龙已完成了与佛教、道教相结合的过程，佛教的八大龙王守护神和道教的龙从形象和功能上都已经相当成熟。

"和龙"可以理解为中国龙文化在日本本土化的结果，是一条完成去边缘化、成功进入日本主流社会的龙。用"和龙"来表现日本龙，是为了表明日本龙特有的性质，建立一个表现符号，使其有别于中国龙。

历史上，虽然以中国文化为首的大陆文化大规模传入日本，占领了日本的上层建筑领域，而日本人心目中自然崇拜的原始宗教情结不曾彻底消散，对本土产生的土著文化仍很执着，甚至曾发生过几次对外来宗教、文化的排斥运动。上层建筑的佛教首当其冲，成为被打击的对象。在这种情况下，一般来说，佛教中的守护神八大龙王作为同一体系中的重要部分，本应难逃厄运。但是，日本人还是采取实用主义态度，此时把龙神从佛教中"剥离"出来，让它继续为农业司水。

随着人们对祈求农业丰收、风调雨顺的需要发展，有过蛇形象元素的中国龙与日本本土大蛇进行了结合，改变其作恶的形象。"和龙"作为司水神进入日本农业社会。日本"和龙"在日本不同地区有定期的祭祀，如山口县下关市川棚地区每年四月第一个周六举行舞龙祭，静冈县远洲滨北在每年六月的第一个星期六、星期天举行飞龙祭，香川县三丰市仁尾酚在每年八月的第一个星期六举行"仁尾龙祭"等。

同时，还必须指出的是，龙在中国是与帝王观、雄性、尚武思想、争斗、阳刚的概念紧密联系在一起的神灵，与其配套的一般是凤凰。慈禧太后在其陵墓的装饰雕刻上将凤凰置于龙之上，就是想表现自己凌驾于皇帝之上的野心。可以说，在封建社会，龙凤成为雄雌的代表性概念。与中国不同，在日本的龙形象与封建社会的帝王观、雄性、尚武思想、争斗、阳刚的概念联系并不紧密，历史中虽有皇家、皇族身着龙纹衣装的记载，但没有达到皇室着装典范的程度，与中国龙象征皇权相比，日本龙作为吉祥图纹的装饰意味似乎更强一些。

在日本民间，普遍存在美女变龙入河、龙女乙姬报恩、龙夫妇、龙妻成佛、美女龙人间寻婿等雌类龙的传说。这些传说，使龙的形象在一定程度上阴柔化，从高不可攀、主宰民众命运的神灵变得贴近民众生活。有一个例子可以证明阴柔化的龙的存在事实：四国地区水塘畔"祠"中供奉的龙神居然是与日本女儿节女娃人偶相似的座像，不具有中国龙的任何典型特征，与一般人认为的"和龙"形象也完全不同。虽然并不是普遍现象，但是人们认可这种女儿节女娃人偶的座像，说明在心理上需求龙对人以及人生活的亲近，对龙原有帝王观、雄性、尚武思想、争斗、阳刚等概念有所排斥。农民们最需要的是顺应人愿、带来风调雨顺的龙，阴柔化带来的结果正是人们所需的。

从故事传说的情节上看，不少是在日本的原创或对中国素材的再加工，其中也不乏与中国龙故事传说相似的部分，可以理解成对大陆原生态传说的进一步演绎，是日本人精神需求所导致的本土化结果。

当然，龙毕竟是龙，"和龙"在整体形象上并没有摆脱中国龙的原型，否则就不是龙了。"和龙"体现出的阴柔化倾向更多地表现在功能、性格上，通过阴柔化，想表达的不过是人亲近龙，也希望龙亲近人的主观愿望而已。

四、中国龙文化在日本的传承与创造

（一）中国龙与日本"和龙"的区别

日本"和龙"吸收了中国龙的一些文化象征，如龙是神圣、祥瑞的，是江河湖海的保护神，也代表着民族和国家。但是日本"和龙"与中国龙在国家政治统治、民间信仰、功能甚至形象等方面大有不同。

1. 民间信仰上的不同

在中国，长达两千年封建王朝的帝王乐于用龙作为代名词，称自己为"龙子龙孙"，因此显现龙性的帝王故事在史书中不断能够看到，如唐太宗出生时"有二龙戏于馆门之外，三日而去"；宋太祖"赤光绕室，异香经宿不散，体有金色，三日不变"；清世祖"生有异禀，顶发耸起，龙章凤姿，神智天授"，等等，龙的地位崇高及其独有性成为皇权的象征。

龙作为日本皇权的象征曾短暂地被使用过，如《续日本纪》中"天宗高绍天皇龙潜之日"，但是由于日本人对神道信仰和对外来文化的戒备，日本"和龙"没能成为天皇的象征。

在民间，中国龙受到了各种祭祀，渔民每年都会在龙王的生日和汛期结束时"谢龙王"，除了定时祭祀，还有随时祭祀，如有干旱、龙卷风等天灾时，祈求的人也会来祭祀龙王。封建制度崩溃后，龙不再是统治者的象征，摆脱了迷信、神灵等旧有观念，被赋予了新的生命，作为中华民族精神的符号，成为中华民族的共同文化的认同信码，发挥着凝聚中华民族的象征性作用。在日本民间信仰中有龙蛇不分的模糊部分，佛教宣传的故事中经常会发生龙蛇转换的故事，且"和龙"的兽性和邪恶的一面比中国龙要大。日本在信奉并祭祀龙的同时，本土大蛇没有被放弃，在很多地方仍然可以看到大蛇祭。

2. 功能上的不同

中国龙从被创造开始，就被赋予了很多功能，保佑丰收、掌管降雨和江河湖海，来自阴阳五行中的四神之一青龙有镇邪的功用。佛教经典中龙作为佛的守护者被称为龙王，成为天龙八部的部众。道教受佛教的启发，创造出许多种类的龙王，不同职责的龙称呼也不同，"守天宫殿持令不落者谓天龙，兴云致雨益人间者谓神龙，决江开泽者谓地龙，守王大福人藏者谓伏藏龙"，也就是守卫天庭、呼风唤雨、开江辟河、守卫宝藏。其他的还有四海龙王、五方龙王、诸天龙王、清净龙王、大地龙王、法海龙王、三十八山神龙王、天星八封钟龙王等等。道教的龙王还兼管安葬起坟、住宅凶危、官职疾病、生育寿考等事。

随着佛教和道教传入日本，中国龙与日本大蛇相结合后产生的日本"和龙"在日本农业社会中的主要功能是司水神。由于日本处于地震带，多发地震和火山爆发，因此日本"和龙"还能引发地震和火山爆发；历史上日本曾遭外国侵入，日本"和龙"还具有化身英雄、抵抗外国侵略的功能。

3. 形象上的不同

日本"和龙"与中国龙大体一致，保留了中国龙的绝大部分形象特征。中国龙有五爪、四爪、三爪的区别，这些不同呈现了龙形象演变的阶段性特征，到后来中国龙与国家政治相结合，龙爪数量的区别成为封建等级的一种表现。而日本引进了中国的三爪龙，并保留了龙三爪的形象。

4. 中国龙与日本龙产生区别的原因分析

龙文化在中国与日本发展结果不同，从根本上说是日本本土文化和外来文化的区别。在中国，龙作为天与人之间的交流纽带，受到了顶礼膜拜。龙文化发展经过了几千年，人们对龙的想象经过对大自然动植物以及自然现象的取舍初具形态，龙的形象特征和功能是人们顺应现实的需求以及融合佛教、道教文化不断完善形成的，龙文化的与时俱进和兼容并包成就了中国龙。

龙作为祥瑞之物成为中国皇权的象征，这是统治阶级用以承奉天命、顺应天意实施政治统治的理论依据。黄帝时现黄龙，夏有木德见青龙，殷有金德见白龙，周有火德见赤龙，秦有水德见黑龙，龙的现身乃祥瑞之象征，然而却也是历代君主改朝换代之产物。改朝换代尤其是农民起义的领导者用象征皇权的龙造势，带有异姓建立新政权的性质。

对于日本来说，龙文化是外来文化，同时由于与佛教和道教的关系，使得它也不可能成为日本统治者的象征。日本是个很谨慎的民族，对于外来文化很善于吸收和利用。大陆儒家文化、佛道教思想对于日本来说是有巨大吸引力的，日本以"本地垂迹""神佛习合"的方式接受了大陆儒、佛、道思想，但是对外来文化的戒备一直没有消失，信仰本土神道教的日本，历史上曾发生数次摩擦和对抗——"毁佛灭释"，在近代发生社会变革和动乱后，佛教遭受了毁灭性冲击。

龙由于与日本大蛇进行融合已成为日本"和龙"，但是龙神作为具有佛教背景的外来神灵，而且还具有易姓革命之性质，不可能成为以神的子孙自居的日本统治者的象征。

（二）中国舞龙在日本的传承

1.长崎的舞龙

长崎的舞龙表演在当地被称为"龙踊"，与"蛇舞"同音，至今已经有 250 多年的历史。长崎的龙踊以其所具有的浓郁的异国风情以及威武有力的表演而闻名日本。

长崎的龙踊是由中国传入的，早在 250 年前的享保年间已经有了在诹访神社举行的敬神仪式上表演龙踊的记录。当时，与"唐人屋敷"相邻的本龙町的居民在华人的指导下，学会了舞龙的技巧，进而形成了具有日本特色的龙踊，并一直延续至今。

居住在长崎的华人并不是龙踊表演的主体，但是以华人为主体的吼狮会在日本很有代表性。吼狮会专门表演狮子舞，并不表演舞龙。吼狮会在定期举行的长崎灯笼节、崇福寺举行的中国盂兰盆节活动以及孔庙的祭孔活动中起着重要的作用。

2.神户的舞龙

在神户表演舞龙的团体中，以南京町中华街的华人为主体的舞龙队以及神户市立兵库商业高中的龙狮团最具影响力。

南京町于 1981 年开始重建，1987 年举行了重建后的第一届春节庆祝活动。为了能够在南京町的庆祝活动中表演舞龙和舞狮,提升南京町的活力,当地成立了南京町舞龙队(后于2001年扩大为南京町龙狮团),现有来自不同国家、从事不同职业的队员40余人。

神户市立兵库商业高中龙狮团舞龙队曾经在香港举行的2001年世界夜光龙醒狮邀请赛中获得夜光龙舞龙比赛第三名的佳绩。该校的舞龙队于2007年、2009年连续两届代表日本参加了亚奥理事会主办的"亚洲室内运动会"的夜光龙比赛。这表明该校的舞龙水平超越了学生普通课余社团活动的程度,是日本全国范围内具有代表性的舞龙队。龙狮团每年参加60多次各种演出活动,包括在神户南京町以及横滨中华街举行的庆典活动。

3. 横滨的舞龙

横滨的舞龙团体主要包括横滨中华学院、横滨山手中华学校、横滨中华学院校友会、横滨华侨青年会龙狮团。其中,以2010年应邀参加国立民族学博物馆"舞动在日本的中国狮子和龙"展演的横滨中华学院校友会以及中华学院的舞龙表演较具代表性。

在日本的华侨学校采用全套的双语、双文化学习体制,舞龙和舞狮被列为学校的课外活动,使得华人子弟从小就有机会接受这些传统艺术的熏陶。在教育学生学习日本文化、风俗习惯的同时,每逢春节等传统节日之际,学校会组织学生参加、观看舞龙、舞狮表演,引导学生理解中国的风俗习惯和文化。由于横滨中华街的规模是全日本最大的,华人的社会影响力大,而且当地的华人子弟从小就有很多机会接触中国文化,甚至幼儿园的孩子也会观摩舞龙、舞狮表演,这使得横滨的舞龙和舞狮有着较为深厚的社会基础。

(三)中国龙的象征意义在日本的传承

日本江户时代,以中国《三才图会》为摹本的日本插图百科辞典《和汉三才图会》中,对没有手足的蛇和有四足的龙分别进行了描述,并提到龙是由九种动物组成的,具有春分升天、秋分入渊的特性。虽然承认了龙具有多种动物的形象特点,但是对于龙的描述是在和蛇对比的基础上进行的,这样看来,日本人依然是将龙看作是一种和蛇并存的自然界的动物。

中国和日本同为东方国家,但是对于龙的形象却有着不同的理解。日本是神道信仰的国家,崇尚自然、回归自然的思想深入人心,所以在对于龙的形象的认识上,更愿意相信它是实际存在的自然神灵,所以就出现了龙蛇形象不很明朗的现象。而中国,自古以来受到佛教、道教等虚无思想的影响,所以很容易接受被神化了的龙的形象;再加上封建统治者对于龙的神圣形象的深化,使得龙的形象对于中国人来说成为特别的存在。直到现在,世界华人依然以龙的传人为骄傲就很明显地能够感受到龙文化在中国的特殊性。

中国的龙文化传入日本之后,逐渐与日本固有的民俗信仰相融合,其内容、形式以及象征意义等也发生了一些变化。具体表现在以下几个方面：

1. 融入日本人"崇八排九"的思想

日本人将中国传入的龙文化中融入了日本人的"崇八排九"的思想。在中国文化中，"九"是个虚数，经常被用来形容数量之多或者程度之高，所以龙有九个儿子，龙背上有九九八十一片龙鳞，建筑物大门外作为屏障的墙壁上也绘有九条龙（九龙壁）。而在日本，虽然今天神奈川县的箱根神社和长野县的户隐神社有"九头龙"的传说，但是日本人更多地将"八"与"龙"联系在了一起。

崇"八"的日本人也是排"九"的，因为在日文中，"九"读作"ku"，与"苦"字同音。由此可见，中国"龙"文化中频繁出现的"九"是与日本的传统习俗不符的，用"八"代替"九"是日本人对中国龙文化的一大改造。

正因为接受月满则亏，日本人并没有将他们的"龙"填得如中国的"龙"一样丰满，日本的"龙"并非全才也并非至高无上，更没有被哪个阶级所垄断。换句话说，它没有被完全定型，因此有更多的自由发展空间，可以在有需要的时候起到相应的作用。

2. 融入日本人的神道思想

日本人在中国传入的龙文化中融入了日本人的神道思想，并且在这一过程中，"龙"被赋予了"国家的保护神"这一新的象征意义。

据16世纪成书的《八幡愚童训》记载，弘安四年，元军第二次大规模进攻日本。当来到鹰岛时，"青龙"出现，元军因为害怕而退回到海上，随后遇到了暴风。也就是说，"青龙"的出现阻止了元军进攻日本的步伐，随之而来的暴风又将元军赶走。为此，日本朝野上下惊喜万分，认为暴风因日本八百万神的威德而起，是"神风"。而先于神风出现的"青龙"更被认为是保护神的先驱。虽然《八幡愚童训》的文字是以宣传八幡神为目的的，不可尽信，但是我们至少可以看到，在保护国家的重要环节，"龙"是被特殊提及的神，而这可能是源于它的身上融入了多种自然物、自然现象的精华，能够同时满足不同地区人民的心理需求的缘故吧。

3. 融入日本人的女性观念

日本人将中国传入的龙文化中融入了日本人的女性观念。在日本的记纪神话中，太阳之神天照大神是女神，月亮之神月夜见尊是男神，并且太阳女神拥有至高无上的地位，这与大多数民族正好相反，是日本历史上女性曾拥有较高地位的一种反映。在日本历史上，先后出现过8位女性天皇，不仅如此，女性长期在家产继承和经营方面与男性享有同等的权利。

　　与在中国兴云布雨的"龙"身上充满着阳刚之气相比，进入日本后的"龙"的身上多了几分阴柔之美。海神女儿变回龙形产子的传说便是一例，丰玉姬命的性格柔中带刚，与中国儒教中所倡导的三从四德的女性形象相去甚远。与此同时，丰玉姬命也是神秘的，兼有《三国志·魏志·东夷传》中的女王卑弥呼的一些特征。

　　因此，本书认为，不同时期、不同身份的女性龙神也是各个时期、各个身份的日本女性的象征。日本人的这一创新从浦岛太郎传说中龙女的形象随时代的发展而发生变化这一点也可以略窥一二。

第二章　日语语言文化研究

第一节　日语语言学分析

一、日语历史语言学

历史语言学，又称为"历时语言学"，即从历时的角度对语言历史的演变规律进行研究的学科。历史语言学是日语语言学的重要分支，用历史语言学对日语语言的理论与方法进行研究，有助于揭示语言发展的内在规律，还原日语历史的本来面目。同时，历史语言学还有助于人们探明日语现象的本质与原理，以加深人们对于日语的认识和理解。本节就来分析和探讨一下日语历史语言学。

（一）日语历史语言学研究的材料

历史语言学这门学科非常注重材料的运用，即其研究需要大量的材料来提供信息，因此历史语言学要比普通语言学更注重对材料的选择与甄别。

一般来说，历史语言学研究的材料主要有两类：文字语言材料和音声语言材料。这两类材料适用的研究项目不同，特点也有所不同。

1. 文字语言材料

文字语言材料是指古代的文献资料。由于古代日语缺少语音材料，再加上历史上日语的发展演变始终伴随着外来语的影响，因此对日语语音、文字沿革变迁的研究变得更加困难，必须借助可靠的文字材料。这些文字材料主要有以下两种：

（1）金石文，即古代金石器皿或其他载体上的文字，是研究当时日语语言文字的第一手资料。

（2）书籍，即从古至今流传下来的典籍文献，是历史语言学研究最常用、最丰富的资料。

2. 音声语言材料

声音具有瞬时性，转瞬即逝，因此很难获得古代语言的语音资料。尽管如此，方言资料、谣物以及近现代的录音材料都可以为历史语言学的研究提供一些间接资料。其中谣物主要有能乐、歌舞伎、狂言等。

（1）能乐。能乐是日本最古老的戏剧，源于奈良时代（8世纪）从中国传到日本的散乐，在民间广泛流传。现在，主要以假面曲艺为中心在舞台上进行严肃的表演。

从历史意义上来说，能乐的产生象征着日本古代艺能向戏曲过渡的完成。经过漫长的历史发展，能乐取得了令人瞩目的成就，对日本戏剧作出了巨大的贡献，如今已经成为日本最具代表性的一种戏剧表演形式，更成为日本文化的一个典型代表。2001年，能乐被联合国教科文组织列入世界非物质文化遗产名录。

（2）歌舞伎。歌舞伎则代表了江户时代的表演艺术。最初，歌舞伎主要是表演一些短剧和舞蹈，其演员都是女性，男性角色都是由女子装扮。有时还会扮成轻佻好色之徒，表演一些性感的场面。这引来一些有名的游女艺妓争相仿效，很快风靡全国。由于游女大多为娼妓，她们通常是通过表演歌舞来拉客卖淫。因此，江户幕府以"女歌舞伎"的自由放纵会影响人伦道德和社会安定为由，于宽永六年（1629）对歌舞伎进行了相当严格的管理，全面禁止"女歌舞伎"，规定女角改由美少年演员扮演，于是创造了男扮女的艺术，出现了"若众歌舞伎"（少年歌舞伎）。但是，少年歌舞伎仍未能改变以"容色"为本位的表演形态，一般观众还是互相争夺这些扮演女角的美少年演员。后来，少年歌舞伎也被幕府下令加以取缔，被迫禁止这类公演活动。

在演艺界和观众的要求下，幕府以演员必须剃掉作为少年象征的前发和只表演模仿秀狂言等为条件，有限制地允许歌舞伎的上演。此后，歌舞伎演员都必须是男性，成为专门由男子从事的表演艺术。这种规定的主要目的是减少演员肉体魅力对观众的吸引力。在这之后，歌舞伎也开始由舞蹈表演向戏剧表演发展。

（3）狂言。狂言的产生时间与能剧几乎相同，其发展经历了漫长的时期。奈良时期，散乐传入日本。平安时代，日本的民间艺人在散乐的基础上融入了模拟人物的滑稽表演，狂言的前身"猿乐"得以形成。镰仓时代，狂言与能剧的差别愈发明显，到了室町时代初期，在贵族武士阶级的大力支持下，狂言与能剧一起正式登上了历史舞台。自此以后，狂言发展十分迅速，到了江户时代已臻于成熟。第二次世界大战以后，狂言从能剧的附属走上了独立发展的道路。今天的狂言表演家不仅能独立表演，也能和能剧搭档演出。

从表演上来说，狂言在产生的初期并没有固定的台本，主要是由师傅口授，一代一代传承下去。后来，狂言有了简单的剧情纪要，但演员仍需要有大量即兴发挥。直到江户时代，狂言才有了固定的台本，这些台本起初都是由狂言师创作，后来经过长期的演出实践不断修改最后定型。目前保留下来的狂言剧目大约有260个，多是在江户时代成形的。和泉流派约有254个，大藏流派约有180个，其中174个是相同的。

这几种谣物由于代代口授心传，很大程度上保留了古代语言的某些特征，因而成为历史语言学研究的重要资料。

（二）日语历史语言学研究的方法

日语历史语言学的研究离不开对材料的使用，因此就需要掌握一定的方法。这主要包含对文本的选择与甄别、对古辞书的合理利用以及对外国资料的恰当使用。下面逐一分析和说明。

1. 选择与甄别文本

在日语历史语言学的研究中，对文本的选择与甄别是非常重要的。如果选择与甄别的文本合适，且具有很高的参考价值，那么必然会对日语语言研究有利；如果选择与甄别的文本不合适，且参考价值也不高，那么就会对日语研究产生误导。一般而言，文本选择与甄别的方法主要有以下两种：

（1）区分一手资料和二手资料。在日本语学界，资料有一手资料和二手资料之分。一般来说，一手资料是用来对语言历史情况进行研究的最佳选择。但是，并不是任何一项研究都能够找到一手资料。很多时候，如果找不到一手资料，就需要那些接近一手资料的二手资料。例如，在研究日语音韵史时，青谿书屋本『土佐日記』虽然不是最原始的本子，但它忠实地抄录了藤原为家手抄本，而后者又基本忠实地抄录了原始的本子，因此可以说『土佐日記』的参考价值就和原始本子几乎相同。

（2）根据研究对象选择材料。在日语历史语言学的研究中，如果研究的对象发生改变，研究资料也必然会随之变化。例如，对古代的文字标记进行研究时应该尽量选择影印本。这是因为，现代日本出版的往往都是那些活字本文献，而这些文献都是经过修改过的，因此就要求人们应该在选择时进行甄别。再如夏目漱石的作品，因为很多出版社所依据的本子不同，有的标点符号不同，还有的添加了一些振假名，在出版时就很难避免在其中加入一些主观的看法。因此，研究者在选择时应该慎重。如果遇到的资料是自己所不熟悉的，还可以多找一些文本作对比参阅，事前作背景调查，这样才能将那些主观的、臆测的因素剔除掉，从而保证研究的结果更加准确。

2. 发挥古辞书的价值

对语言历史上进行研究还可以利用古辞书。与普通的文献资料相比，辞书中包含大量的有关语音、词汇的信息，且非常集中。虽然这些辞书难免会受编撰者的主观影响，但是经过考证辨别之后，其参考价值依然很高。

日本古代辞书主要有以下几种类别：

（1）音义类辞书，即解释特定文本中汉字发音、意思的辞书。

（2）汉和辞书，即用日语解释汉字的辞书。这类辞书有『類聚名義抄』『字鏡』『倭名類聚抄』等。

（3）国语辞典，如『色葉字類抄』『倭玉篇』『下学集』等。

（4）外国词典，即外国人编纂的词典。这类词典有『日葡辞書』『和英語林集成』等。

上述这些古辞书对于过去词汇、词义等项目的研究具有十分重要的意义。例如，在对明治末期日语词汇的变化进行研究时，可以将『和英語林集成』第一版和第三版中收录的词汇进行对比，便可窥见一斑。再如，『類聚名義抄』是汉字和训的集大成者，其内容很多引用自以前的训点本，因而朱色声点随处可见，这非常有利于后人了解平安时代末期的声调。

3. 合理利用外国资料

研究日语发展历史的外国资料主要包括三种，即吉利支丹资料、朝鲜资料和中国资料。这些资料对日语历史的研究的意义主要包括以下两点：

（1）有助于研究当时的口语。平安时代之后，言文分离的现象非常严重，从这一时期开始到明治时代之间的口语资料较为匮乏，而外国资料对当时口语记录较多，因此可以很好地加以弥补。

（2）外国人对日语的观察非常仔细，习惯从实用的角度出发，采用独特的视角，不受框架约束，尤其是对口语、方言的记录不仅详细，且十分客观，这为研究日语的历史提供了重要的资料。

（三）日语在历史上的发展

1. 受外来语影响

从古代起，日语的发展一直都深受外来语的影响。首先是中国汉语的影响使日语从音韵、文字到词汇、语法和文体全盘汉化，到了近现代又受到西方语言的强烈冲击。具体而言，外来语对日语的影响主要体现在音韵、词汇、语法三个方面：

（1）音韵。从音韵上来讲，汉语词的引入使日语语音中出现了长音、促音、拨音、拗音，拓宽了日语语音的表达空间。另外，近世之后大量融入的西方外来词虽然没有增加日语音节，但使一些已经不再使用的音节恢复使用。

（2）词汇。从词汇上来讲，日语文字的书写趋于汉字化，同时吸收了相当多的汉语词汇。

除了这种直接"拿来"的词汇，日语构词中还出现了大量包含汉语语素的混合词。这些吸收与内化的词汇丰富了日语的表现形式，甚至使日语的词汇构成和词汇体系发生了根本性的变化。

（3）语法。从语法上来讲，汉语训读使日语中出现了训读调、训读词以及一些特殊表达，同时也使日语句子构成更为明确、更具逻辑性。到了近现代，西方的科学文化和语言再次对日语带来了巨大冲击，这种冲击影响了日语语音、词汇、语法、文体等各个方面。

2. 由综合型语言到分析型语言

丹麦语言学家叶斯柏森（Jespersen）认为，语言是从综合向分析发展的，日语也不例外。从语法来看，日语文言中曾有大量的助动词，如表示"推量"的，表示"使役"的，表示"可能"的，表"完了"的等基本都已消失，取而代之的是现代日语中发达的形式名词。在以往的文言文中，这些助动词、助词可以传递独特而微妙的语义，从而使表达更加细腻、严谨。随着时代的不断发展，使用更加简洁的语法形式或采用非语法形式的分析性表达逐渐成为主流，上下文语境和其他语义手段的作用越来越明显。

3. 日语表达习惯的传承

从整体上来看，日语一直处于不断变化的状态中，但是不可否认的是日语中的很多语言表达习惯被传承下来，这些语言表达习惯既有文字语法，又有文体结构，如汉字平假名这一标准书写文体的句子构成模式等。这在现代日语中有明显的体现，因此这里不再赘述。

二、日语文化语言学

"文化语言学"这一概念是由中国学者于20世纪七八十年代提出的。而"日本文化语言学"，顾名思义就是运用文化语言学的研究方法，将日语置于文化背景下，来研究日语语言与文化的关系。可见，日本文化语言学是日语语言学的分支学科。本节就来分析和探讨日本文化语言学的相关内容。

（一）日本文化语言学的内涵

要想对日本文化语言学进行探究，首先就需要对日本文化语言学的相关内涵进行探讨。但是，在论述日本文化语言学的定义之前，首先有必要对"语言"与"文化"的相关知识进行说明，但限于篇幅，这里仅对"语言"进行分析，进而在此基础上来探讨日本文化语言学。

1. 什么是"语言"

关于"语言"的定义，至今为止有几百种。例如：

惠特尼（Whitney）指出，"语言是人类独有的，是文化的重要组成部分，是获得的能力。语言与其他表达手段的重要区别就是语言需要交际这一直接动因，且交际是语言史上起决定作用的因素"。①

本福尼斯特（Benveniste）指出，"语言是一个系统，其重大意义在于作为某种类型的成分，其意义与功能往往是由结构赋予的。之所以交际可以无限制地进行，就是因为语言是按照编码规则有系统地组织起来的。发话人先组成个别的符号，进而组成成组的符号，最后形成无限的话语，而听话人对发话人的话进行辨别，因为发话人身上也存在着同样的系统"。②

赵元任指出，"语言是由发音器官发出的，是成系统的一种行为方式，是人与人互通信息的工具"。③

许国璋指出，"语言是人类特有的一种符号系统，当其作用于人与人时，语言是表达人与人相互反应的中介；当其作用于人与客观世界时，语言是人类认知客观事物的工具；当其作用于文化时，语言是文化信息的容器和载体"。④

王希杰指出，"语言是一种社会现象，与其他社会现象有着明显的区别，具体体现在：语言是作为人们交流思想、交际的工具来为人们服务的；语言是作为人们的思维工具来为人们服务的"。⑤

徐通锵指出，"从语言的性质来说，语言是现实的编码体系；从语言的功能来说，语言是人们交际、交流的工具，而交际的实质就是对现实的认知"。⑥

综合上述定义，笔者认为"语言"的定义可以归结为以下几点：

（1）是最重要的人类交际的工具；

（2）是一种思维工具，是语音的集合，是一种社会产品，需要用文字进行记录；

（3）是有限句子与无限句子的集合体；

（4）具有持久性，并能瞬间消失。虽然可以用文字进行保存，但是也存在不完整性，只有在描述情境下的话语的时候才会需要。它并不是一种产品，而是一种活动的过程。

---

① Whitney, W.D.Nature and Origin of Language[A].The Origin of Language[C].Bristol:Thoemmes Press, 1875:291.

② Benveniste, Emile.Problems in General Linguistics[M].Coral Gables :University of Miami Press, 1966:21.

③ 赵元任.语言问题[M].台北：台湾商务印书馆, 1968:2.

④ 许国璋.语言的定义、功能、起源[J].外语教学与研究, 1986（2）:15.

⑤ 王希杰.语言是什么？[A].语言学百题[C].上海：上海教育出版社, 1983:116-117.

⑥ 徐通锵.语言论——语义型语言的结构原理和研究方法[M].长春：东北师范大学出版社, 1997:21.

实际上，语言可以从狭义与广义两个方面进行探讨：

（1）狭义上的"语言"。从狭义上说，语言有两种形式，即人们常说的口头语与书面语。其中书面语言还会涉及书面语言的物质载体，即文字。

（2）广义上的"语言"。从广义上说，语言不仅仅包含狭义层面，还包含"准语言"。所谓"准语言"，又可以称为"副语言"或者"类语言"，包含可听、可视、可触三个层面的语言。

狭义层面的语言是古代语言学研究的中心，但是由于人们的认识逐渐从狭义向广义转换，因此广义层面上的语言也纳入语言的研究范围中。鉴于此，本书的日本文化语言学研究的"语言"也是广义上的语言。

2.语言的本质特征

从语言的定义和分类中可以发现，其中涉及语言的本质问题，语言不仅是人类最重要的交际工具，是一个音义结合的符号系统，也是一种思维活动，还是文化的一种载体，并且具有特殊的生理基础和能产性或创造性。

（1）是人类最重要的交际工具。语言是人类独有的，是人类最重要的交际工具。语言是社会交际需要与实践的产物。也就是说，正是由于交际的存在，语言才有生命。世界上任何一个人不可能创造出一种只有自己清楚的语言同他人进行交际。既然语言是人类交际的工具，那么其必然会在社会群体中进行，因此该语言也是社会全体所清楚的。在实践过程中，人们学会使用语言，语言也在实践的过程中得以发展与变化。

（2）是一个音义结合的符号系统。这里的"音"指的是语音，是作为语言的外壳出现和存在的，语音的最小单位是音素。这里的"义"指的是语义，是语言的意义内容，包含词汇意义、语法意义和修辞意义等。如果没有语音，那么语义就不能表达出来；如果没有语义，那么语音也就不能作为语言单位存在。

整个语言系统实际上是由一个个符号组成的系统。社会交际的需要构成了潜在的意义系统，并且这一系统需要依据语义系统才得以实现；语义系统通过语法系统以语音的形式呈现出来。但是，语言中的语音与语义的结合、词汇系统和语法系统的构成并不是天生的，其中没有必然的联系，是经过人们长期的社会交际和实践形成的。

（3）是一种思维活动。语言是一种思维活动，且语言与思维是相互依存的关系。也就是说，没有语言，人们就无法进行思维；没有思维，语言也就无法产生。语言是思维的客观表象；而思维是语言的本质。受地理、历史、风俗、人文等条件的制约，人们的思维逐步形成一定的习惯即思维方式，而思维方式通过语言在人们的各项活动中呈现出来。

（4）是文化的载体。语言不仅是一种自然现象，更是一种文化现象。作为人类特有的描述客观世界的手段，语言符号也是文化的一项重要组成部分。语言是思维方式、思维深度、思维范围的体现，而思维的直接产物是精神文化，间接产物是物质文化。美国著名的人类学家萨丕尔指出，语言结构对思维结构予以规定，而从本质上说思维结构决定着某一民族的文化结构类型。因此，学习一门语言，实际上学习的是该语言背后的思维方式，即该语言所属的文化类型。

（5）具有特殊的生理基础。人类大脑的语言器官主要是内嵌于大脑皮层之上，具有人类特有的生物禀赋。通过基因，大脑的语言器官得以遗传，并且万世都不会枯竭。动物不可能学会人类的语言，这一现象体现出人类大脑中特殊的生理基础，即存在着一种特殊的处理机制和语言习得机制。

（6）具有能产性或创造性。能产性，又称为"创造性"，是语言的一种重要、经典特征。德国语言学家洪堡特在他的《论人类语言结构的差异及对人类精神发展的影响》一文中指出，"语言不仅是一种产品，更是一种创造性的活动"。语言是不断发展和变化的，并在语言活动中得以体现出来。语言的生命表现形式就是讲话，而一旦将语言记录成文字，就变成了僵死的作品。如果想要这些作品发挥价值，就必须依赖于使用者的再创造，包含领会、阅读、朗诵、理解等。从这一点来说，创造性必然是语言的本质特征。

人类的思维和精神无时无刻不反映着物质世界的发展和变化，而能够将思维和精神活动体现出来的根本方式就是语言。简单来说，一个国家、民族怎么思维，那么他们就会怎么说话。然而，当思维具体到可以感受语言时，这一过程实际就是交际的过程，是在真实地传达思想、表达情感。

从上述内容不难看出，语言的创造性源自于思维功能与交际功能。

3. 什么是日本文化语言学

日本文化语言学是运用文化语言学的研究方法，将日语置于文化的大背景下，来对二者的关系进行探讨的一门学科。因此，在探讨"日本文化语言学"之前，首先有必要来分析一下"文化语言学"的相关概念。

汉语学界对"文化语言学"的定义主要有以下两种：

（1）是对语言与文化关系进行研究的交叉性、综合性学科。

（2）是一门研究语言的文化价值与性质的综合性语言学科。

上述两种定义存在着相似性，即将"文化语言学"定义为一门综合性学科，但是在研究对象上却存在明显的不同：一个是研究语言与文化的关系；一个是研究语言的文化价值与性质。

鉴于上述定义，本书认为"日本文化语言学"就是研究日语语言与日本文化关系的解释性、综合性的语言学学科。其中，"解释性"与"综合性"是针对学科性质说的，"解释性"主要侧重研究的是语言与其他学科之间的关系，"综合性"是侧重跨学科的研究方法。"语言学学科"实际上反映了日本文化语言学是日语语言学的一门分支学科，这一学科的主要目的是更好地将日语语言的属性揭示出来。

（二）日本文化语言学的基本层面

日本文化语言学包含三个层面：一是语言是一种符号系统；二是语言影响文化；三是文化制约语言。下面就对这三个层面展开探讨。

1.日语语言是一种符号系统

从语言的内部结构来说，语言是一种音义结合的符号系统。但是，这种音义的结合具有任意性和无理据性。索绪尔认为，语言符号并不是某一个事物与其名字的连接，而是一个概念与其声音形式的连接，或者一个概念与听话人对一种声音印象的连接。换句话说，语言符号是由"概念"与"声"共同构成的，但是，"概念"和"声"之间是没有任何逻辑联系的。

此外，语言的任意性还体现在：对待同一事物，不同的语言有着不同的表达。

2.日语语言影响文化

语言对文化具有不可忽视的影响力，具体体现为如下两方面：

（1）由于语言是思维的唯一载体，而思维又是文化赖以产生的根基，因此语言不仅反映特定人群的特定文化，同时也对文化产生着巨大的影响。思维及具体特定人群的思维模式是孕育特定文化的摇篮，以思维为基础前提，才会滋生出世界观、信仰、价值观等一系列文化要素。此外，语言对人类思维的质量或水平产生一定的影响，从而影响到文化的发展。这主要是指语言在其历史发展的过程中的不同阶段所自然存在的差别，如早期人类的语言显然远不如现代人的语言那么严密、丰富、深厚；但也指在同一历史时期处于不同社会发展阶段的特定人群之间的差异，如多数现代人的语言就比当代仍然生存于亚马孙河热带雨林深处以及非洲某些人迹罕至的偏远地区的土著人的语言具有更加强烈的表现力，其蕴含的文化内涵也更为丰富。

（2）作为文化的记录器和传播者，语言可以使文化的内涵在同代人中广为流传，在不同代人之间一代一代传承下去。

同样，日语语言对日本文化的影响作用也是显而易见的，甚至有时候会产生一种制约作用。例如，日语几乎全部是开音节，而一个假名就代表一个音节，一个音节就是一拍，节拍鲜明而短促。因此，日本传统的诗歌——和歌往往不要求押韵，只要求节拍数相对，而形成一定的韵律。

3. 文化制约日语语言

文化是语言的精神内核，其发展对语言具有巨大而又无形的促进和制约作用。这一点主要体现在以下两个方面：

（1）语言是文化传播的主要途径，因此语言中必然包含大量或明显或隐晦的文化信息，这是文化制约语言的一个重要表现。例如，每当新事物出现的时候，语言中就会出现与之对应的新词，这是文化对语言表达最直观的影响。和长辈说话时使用敬语和敬体形式，这就是文化对语言表达的深层影响，它反映出一种社会态度、社会关系或社会文明。

（2）文化包括物质文化和精神文化。物质文化中语言的作用并不明显，但语言对于精神文化的建设至关重要。精神文化需要语言来表达，需要语言来记载，语言是精神文化得以产生和发展的必要前提之一。因此可以说，语言本身便是文化的一个特殊组成部分。

日本文化也不例外，它对日语语言有着影响和制约作用。这可以从静态与动态两个角度来说。

从静态上看，日本文化对日语语言的语音、词汇、语法等都有制约的作用。通过对日汉两种语言进行对比不难发现，日本文化对词汇系统有着制约作用。例如，日汉两种语言中都有"祭"这个字，但是日语中的「祭」是为了表达祝贺、纪念；而汉语中的"祭"多为祭祀的意思。

从动态上看，一个民族的总体文化水平会对一个民族的语言是否丰富、表述是否精确有着决定作用。同时，其地域文化发展以及社会阶层划分也会导致语言出现社会变体与地域变体。这在日语中也不例外。日语中著名的地域变体就是关西话。关西话在语音上与日语标准语音有着明显的区别。

4. 日语语言差异不是无限的

赫德森认为，从某种意义上来说，人类的语言与文化属于同一模式，是对共同的深层"人类共性"的反映。[①] 这是因为，人类在同一物质世界中生存，人类语言所表达的概念之间的差异性不可能具有无限性，其间的差异从本质上看会受到如下几点的影响和制约：

首先，无论是何种语言，都可以运用"语义成分"对词义进行解释，这些"语义成分"

---

① 张燕 . 日本文化语言学理论基础初探 []. 解放军外国语学院学报,2001 (5)： 48.

对任何一个民族和人类而言都具有一致性。这之所以成为一种普遍现象，主要是由于那些属于人类知识结构的成分同样也属于人类正常的环境。

其次，日语语言的差异会受人类共同的交际需要的制约。就人类而言，他们总希望运用最小的力来获取更足量的信息。这就导致人们会选择一些"基本概念"，而不会选择比"基本概念"更高或者更低的概念。在人类语言中，存在着很多表达基本概念的词，如物质名词、数词等，词汇的层次结构在某些程度上也具有相似性。

最后，世界万物本身就存在一定的结构性，人们可以利用这些已经存在的概念作为原型概念。对不同的社会、不同的人群来说，这些原型概念要比那些派生概念的差异小很多。

因此，虽然不同语言之间在表面上存在明显差异，但是这种差异并不是无限制的、任意的，而且这并不能说明人们在完全不同的物质世界、精神世界生存。相反，如果与原型概念联系起来不难发现，不同语言间的差异往往是有限的，并不是任意的。赫德森的这一观点是非常具有代表意义的，人们也承认不同语言之间，其语音、词汇、语法确实存在某些差异性，但是这些差异性是表面现象，因为从深层结构来看，不同语言也是存在某些相似特征的。

著名学者莱昂斯认为，语言系统往往会受到两大结构的制约：一是"底层结构"；二是"上层结构"或"超结构"。前者是指人类语言向相同或者相似之处趋同；后者指的是各个民族语言中隐含的不同的文化结构，其导致各民族的语言在表现形式上存在明显差异。我们认为，对语言的相同和差异进行解释是与实际相符合的。人类语言之间存在着明显差异，但是也会受到多个层面的制约，这种差异不可能是无限的。也正是由于这种原因，不同语言的人才有可能进行交际，不同的文化之间才有可能进行交流。

5. 日语语言的使用与文化

萨丕尔在他的《语言论》中这样说道："语言具有一个底座，说一种语言的人往往是属于某一种族或者某几个种族的。简单理解，就是说某一语言的人其必然属于身体上具有某些特征，并与其他群体相区别的群体。语言不能脱离文化，尤其是不能脱离那些社会流传下来的，对我们生活面貌起决定作用的信仰和风俗。"[①] 当然，不仅语言结构与文化有着密切的关系，语言的使用也与文化密切相关，而且文化规则对语言使用的制约往往超越语言结构。如果忽视了语言运用与文化因素之间的关系，即使掌握了很好的语法知识，也很难实现言语交际的得体性。例如，日本人在进行谈话时，如果在语言表达上过于直接、过于强硬，那么就会使对方感觉恐惧和不快，甚至会导致交际终止或者被对方反对和拒绝。

---

① 张燕 . 日本文化语言学理论基础初探 []. 解放军外国语学院学报，2001 (5)：48.

因此，在实际的语言交际中，一定要委婉、间接地传达自己的想法，必要时还需要增加一些转折用语或者前置委婉语，这样有助于起到缓冲的作用。

另外，文化对交际模式、话语结构起着决定性的作用。例如，在日本，当晚辈和长辈对话时，长辈可以用命令的口吻，但是如果晚辈想要表达同样意思的话语，必须是含蓄的、间接的。文化标准甚至会对话语的准确程度产生影响。例如，当日本人回绝他人的请求时，为了尽量不让对方难堪，一般会选择暧昧的措辞，通常会说"我考虑一下""现在还不好说"。日本人也能够清晰地理解为是一种拒绝的言辞，而其他国家的人往往只是等待结果。

（三）日本文化语言学研究的方法

之前已经提到，日本文化语言学具有跨学科性，因此其研究方法也是相对的、多层次的、多样的。随着对日本文化语言学研究的不断深入，一些研究学者总结了以下几种研究方法：

1. 文化背景透析法

在准确描写与把握日语语言现象的基础上，对这些现象背后的文化内涵进行透析已经成为日本文化语言学研究的重点。

文化背景透析法主要是将语言现象看成一种文化现象，语言符号本身也是一种文化符号。也就是说，研究者不仅要透析语言现象，还需要透析语言现象背后的文化现象。只有这样，才能更好地理解和掌握语言运用的规律性。

2. 历史现象比较法

历史现象比较法是在文化背景透析法的基础上产生的。历史在不断地向前发展，其必然会在语言中留下显性或者隐性的痕迹，而语言的发展又与其文化密切相关，因此人们不仅可以运用静态、共时的思维去分析一些隐含的概念，还可以运用动态、历史的思维去分析哪些时期发生了哪些变化。例如，通过研究日本人姓名中姓氏与名字之间的「の」出现和消失的现象，并追问其发生的背景与原因，可以将日本社会变迁及宗族制度揭示出来。

3. 语言现象描写法

日本文化语言学具有揭示性，但是其并不排斥运用描写法来分析。对语言现象进行描写法研究是日本文化语言学研究的基础层面，但是，这种描写是为了解释而进行的描写。如果研究者不能对日语语言现象进行准确的描写，那么就很难对日本文化进行准确的解释和把握。例如，在对"日本文化视阈下的话语转型"进行研究时，需要列举一些具体的词语，进而对不同时期的话语类型进行归纳，最后分析文化背景下产生不同类型的原因。这就是语言现象描写法的典型例子。

4.跨文化比较法

一种语言的特性需要在比较中才能体现出来，日语语言也不例外。因此，跨文化比较法也成了日本文化语言学研究的重要方法。这里的比较主要有以下两个层次：（1）文化背景的比较；（2）语言现象的比较。

但是，这两种比较并不是单独的，需要在两种比较中建立一定的联系，只有这样才能将这些差异产生的根源揭示出来。例如，在对日、汉、英三种语言中的色彩词进行比较时，首先需要在语言表达上进行比较，进而再对三者的含义进行对比，最后分析产生这种差异的原因。

第二节　日语语言的社会文化基础

每个民族自身特定的文化形成于该民族所存在的独特的自然环境、历史条件、地理位置和社会现实中。要掌握这种语言就要熟悉其背后特定的社会文化，洞察本族文化与所学语言的民族文化的差异。人们常说的语言障碍就是指这种文化间的差异，而且，与使用不同文化语言的人们进行较好的沟通和了解是学习一门语言的出发点，也是落脚点。然而，由于固有文化的根深蒂固，对目标语言文化的理解与掌握就显得尤为困难。生活在不同文化的社会人对词或句的理解可能完全不同。语言与文化既各自构成独立的体系，又相互联系、相互作用、相互制约。要想全面、深刻地了解日语，仅把它作为一个独立的系统来研究是不够的，还需要把它放在日本传统文化中加以考察，了解日语与其母体文化之间存在的关系。只有这样才能真正了解日语，熟练地运用日语进行交流。

一、日本和服文化

（一）和服的发展史

说到和服，它的起源要追溯到公元 3 世纪左右。《魏志·倭人传》这本书中曾这样记载："用布一幅，中穿一洞，头贯其中，毋须量体裁衣。"这可能就是最早期的和服了。大和时代，日本倭王派遣使节三度前往中国，带回大批量当时中国非常盛行的汉织、吴织和擅长纺织技术的织匠。而东渡扶桑（当时日本的别称）的中国移民中也有很多擅长缝纫技术的手工艺者，这些人对把当时中国的服饰风格引入日本起到了非常重要的作用。

公元 8 世纪初，当时中国（唐朝）的一种适合农民耕种时穿的被称为"贯头衣"的服饰随着水稻的技术一同被传入日本。之后，日本人把这种贯头衣的前襟打开，又在左右手上边开了道口子缝成袖子。

奈良时代（约公元 718 年），日本天皇派遣唐使团来到中国，获得很多唐王御赠的唐朝朝服。这些服饰由于是贵族服，所以特别富丽堂皇，日本朝中的文武百官对此爱不释手、羡慕不已，在日本轰动一时，大受欢迎。第二年，天皇遂下令，举国上下开始穿着类似隋唐样式的服饰。

到了室町时代，大约公元 14 世纪，按照日本的穿着习惯和审美标准，一种带有隋唐服饰特点的日本独特的民族服装即和服完成了演变并最终定型，在之后 600 余年中几乎再没有什么较大的变动。

在明治维新以前，日本人基本都穿和服，但在这之后，受到外来文化的冲击，上层社会中的男士开始穿西服。

1923 年日本发生关东大地震，因为当时的妇女都还穿着和服，所以在逃难时因为行动不便而惨遭不幸。此后，日本妇女才逐渐改穿其他服装。

（二）和服的基本文化

首先，和服的着装场合。日本人在逢年过节或在婚礼、成人礼、毕业典礼及庆祝会等隆重场合上，日本人会首先选择穿着和服。另外，日本艺伎、高级宾馆的服务人员也以和服为职业装，花道、茶道等文化活动以及民间舞蹈和传统艺术表演中也离不开和服。

其次，和服的面料及图案。和服做工精细，非常讲究面料的选择。传统和服一般选用棉布、真丝和绸缎，而现代和服则多用混纺及化纤，这是由于其舒展、不起皱而且颜色艳丽。和服上的图案也大有学问，很重视独特的结构与布局。在色彩的选择上有一些规定：紫色代表高贵，其次是红色。

最后，和服的穿法。穿和服不仅是只穿上一套衣服，还包括一系列的相关搭配。夏季穿和服时，脚下必须要穿木屐，男式木屐一般为黄颜色，女式木屐则有多种颜色，而且刻有各种花纹。应该注意的是穿着和服时不能戴耳环、项链、手镯等饰物，如果要打伞则必须打日式伞（用仿绸糊在竹架上制成），同时还可以用一只手袋来搭配。

（三）从和服中解析出的日本文化

1. 从"和服"这个名字来看

一方面，是由于日本人口中的 90% 以上都属于"大和"民族；另一方面，是因为日本文化中有很深的"和"观念，故而把国家传统的服饰取名为"和服"。

日本自古以来就以农民占大多数，由于一些地理条件的限制，他们大都集中于比较窄小的村落，因此他们就养成了很具合作性、集体性的那种人与人之间的关系。换句话说，他们处理人与人的关系上，最遵循的就是一个"和"字原则。圣德太子制定的宪法十七条也曾提出"以和为贵"，这说明在日本文化中早就把其当作是社会关系的思想基础。在现代日本人的生活中，"和"的行为随处可见。人们见面总是彬彬有礼，和睦相处。东京地铁站在上下班高峰时间段，车厢和站台常常十分拥挤，但是，却很少见到有争执的场面。

日本人"以和为贵"的理念还常见于见面时的寒暄语及与之相伴的点头、鞠躬等肢体语言中。在日本，同住一栋公寓、一个小区的人不管认识与否，早晨见面时都会互致早安。表现在语言上则是崇尚委婉、含蓄，忌讳直来直去、开门见山。

2. 从和服的发展史可以看出日本人甚是喜欢把外国文化改造成自己独特的文化

日本文化，可以说它是不同系列文化的并存甚至也可以说它是混杂的多层文化。譬如政治是新旧制度混存，衣食住是和洋折中，宗教是神佛同时接受，日常使用的日语有过半是包含汉语的状态。产生多层文化的原因是日本人对不同性质文化的好奇心强，不接受把原有文化连根拔掉的那种侵略性文化，而只是根据自己的需要吸收外来文化。

日本人有一种使外来文化日本化，把它变成自己东西的能力。在平安时代，日本把汉字日本化，创造了日本假名。镰仓时代出现了法然和他的弟子亲鸾，脱离了外来宗教，把6世纪传来的佛教变成日本佛教。作为江户时代的幕藩体制的理论是根据儒学的理论加以改造得来的，但其应用面、实际性比儒学更为有效。在现代科学方面，较之探索原理，则更重视原理应用的产品化。

3. 从和服上的图案能够体现出日本人热爱大自然，主张人与自然相和谐的理念

众所周知，日本是一个山地面积占全国总面积60%、资源匮乏的国家。因此，日本人把自己获得的一切现成的物质资源都看成是上天的恩赐，把周遭的大自然看成是宝贵的生活家园而倍加爱护。

和服上有各种各样的图案，从碎花图案到色彩斑斓的彩图，仔细观察，那些完全都是一幅幅大自然的缩影图。看着和服上的这些图案，日本春天各种各样的花朵开满山野，绚丽纷呈；春末夏初，各种颜色的樱花争相斗艳，昙花一现之后漫天飘舞；秋季，满山红叶，红黄绿迭彩辉映，这些一幕幕的美景便跃然眼前。这不能不说是日本人主张人与自然相和谐，珍爱大自然的结果。

4.从和服的设计之美，即一种独特的人体包装可以体现日本人在日常生活中讲究包装的习惯与爱好

和服的设计之美堪称是一种美轮美奂的人体特色包装。它能让即使相貌平平的女性穿着之后立即变得光彩照人。这些可能都源于日本人注重生活细节，尤其讲究包装之道的特质。商场购物，被用有特色的包装纸包装出来的精致至极的商品就无须再言，就连从别人那借来的小东西或想把朋友偶然间看中的自己的一件小物品送给他，都要经过精心的包装才行。

（四）和服中的女性文化

和服可以说是日本的民族文化，人们尤其是女性对它的挚爱从古至今从未衰减。从和服的特征中或许可以解读出蕴藏其中的些许女性文化来：

1.和服的整体设计符合日本女性的身材特征

日本女性尤其是古代女性可能由于一些先天基因的问题和日本的跪坐法，使她们腿部血液循环变差，导致她们身材娇小、腿短脚粗。所以日本人就想通过服饰有效地掩饰日本女性的缺陷。而传统的民族服装——绚烂、飘逸的盖到脚踝的和服，以其一藏一露的形式，既掩盖了日本女性的先天不足，又突现出其独有的风韵。

所谓"藏"，是指和服从颈部到脚踝，将整个身体严严实实地包裹起来。身体藏在带有各种花色、图案轻薄的衣料中，若隐若现，会平添几分朦胧美。"藏"的半推半就，其实给人预留了丰富的想象与回味空间。

所谓"露"，就是有选择地凸显女性的迷人部位。据说日本女性普遍都有非常美丽的脖子和后背。日本男人就像古代中国男人迷恋"三寸金莲"一样，陶醉于女性的脖子与后背。所以女性和服在裁制时特别留意这两个地方，一定要让它们露得恰到好处。

2.和服的穿着方式能够间接地传达出女性的职业及婚姻状况等信息

和服的袖口、衣襟都能随意开合。女性和服开合方式不同，其含义也不尽相同。例如，艺人在穿和服时，始终敞开着衣襟，只在"V"字形交叉处系上一条带子。如果不是这种职业的女性，则需要将衣襟合拢。即使是合拢衫襟，也有不同的讲究：将衣襟全部合拢，则表示是未婚；如果是已婚的妇女，衣襟不需要全部合拢，可以适当将靠颈部的地方敞开。

女性和服的设计折射出日本女性迎合男性的心态。为了取悦男性，满足男性的视觉美，女性和服在设计上无所不用其极。为了掩盖突出的腹部突显出女性的细细腰身，女式和服甚至用带子越来越宽地一层层缠绕身体上部，她们没有流露出丁点不舒适感，反而陶醉于背负这些美的重负，一直为逢迎男性的审美观作着难以想象的牺牲。

总之，和服是大和民族智慧的结晶，非常巧妙地遮盖了先天和后天因素造成的缺点，却也保留和突出了日本女性独有的美，它所体现出的是一种富有创造性的历史文化。

二、日本姓氏文化

日本人的姓与氏原先是相互分开的，不过，与中国先有姓、后有氏不同，日本是先有氏，后有姓。还有一个显著的不同是，中国的"氏"与"姓"的产生与母系、父系氏族社会的演变有紧密关联，而在日本，「氏」与「姓」的产生与国家的形成有关联。因此，日本的「氏」与「姓」，与中国文化中的"氏"与"姓"或者说中国人所理解的"氏"与"姓"是完全不一样的。①

关于古代日本，中国古书中有所记载，称之为"倭（国）"。譬如，东汉（25—220）史学家班固（32—92）的《汉书·地理志》（班固［2007］）中写道：

乐浪海中有倭人，分为百余国。

南朝宋史学家范晔（398—445）的《后汉书·东夷列传》中记载：

倭在韩东南大海中，依山岛为居，凡百余国。自武帝灭朝鲜，使驿通于汉者三十许国，国皆称王，世世传统。其大倭王居邪马台国……建武中元二年（公元57年），倭奴国（倭国中叫"奴"的国）奉贡朝贺，使人自称大夫，倭国之极南界也。光武赐以印绶。安帝永初元年（公元107年），倭国王帅升等献生口（奴婢）百六十人，愿请见。

西晋（265—316）史学家陈寿（233—297）的《三国志·魏书·东夷传》（陈寿［2006］）中对倭国及其与曹魏政权的关系是这样描述的：

倭人在带方东南大海之中，依山岛为国邑。旧百余国，汉时有朝见者，今使驿所通三十国……倭国乱，相攻伐历年，乃共立一女子为王。名曰卑弥呼……景初二年（公元238年，"景初"为魏明帝曹睿的年号）六月，倭女王遣大夫难升米等诣郡，求诣天于朝献……正始元年（公元240年，"正始"为魏齐王曹芳的年号），太守弓遵遣建中校尉梯俊等奉诏书印绶诣倭国，拜假倭王。

---

① 侯亚琼 . 日本姓名的文化内涵 [D]. 山西大学，2006.

通过以上史书的记载，我们可以知道日本国中原先有为数众多的小国，其中有个位于日本最南边叫"奴"的小国曾派使者拜谒过汉光武帝，并向其纳贡。到了公元 3 世纪，出现了名叫"邪马台国"（「邪馬台国」）的大国，下属有诸多小国，被魏明帝诏封为"亲魏倭王"并授予金印紫绶的当时该国女王，叫"卑弥呼"。不过，关于"邪马台国"的具体所在，现在也还是众说纷纭，尚无定论。

由在日本被挖掘发现的大规模古坟遗迹推断，从 3 世纪后半叶到 5 世纪左右，奈良地区的大和王权，即稍后不久基本统一日本的大和朝廷（以天皇为中心的中央集权国家），逐渐成为了当时日本的主要统治势力。「氏」是当时用来表示贵族、豪族等统治阶级的名称，与原始社会的氏族虽有一定的联系，但有着本质的不同。原始社会的氏族是以血缘关系作为相互区分的标准的；而大和王权建立后的「氏」，既包括了有力族长的直系、旁系的血缘家族，也包括了非血缘家族（如部民、奴婢等）。譬如日本历史上有名的"物部氏"和"苏我氏"等。大和朝廷建立后，为了统一日本，天皇按照对国家的贡献和在朝廷中的地位开始给贵族、豪族授予「氏」，通过这种方式提供政治诱因让他们服从于朝廷、为朝廷服务。譬如"源""平""藤原""橘"（即所谓的"源平藤橘"）等都是天皇赐的「氏」。除了皇室人员和前述四个"氏"出身者外，是不能开辟幕府的。比如，明治天皇的"讨幕密诏"中，德川庆喜，就是被称为"源庆喜"的。

而日本的「姓」又是怎么产生的呢？日本最早的「姓」出现于大和王权之前，是作为原始社会氏族首领的称呼使用的。也就是说，和中国的"姓"不同，日本的「姓」一开始就不具有血缘性，而是具有一种社会功能。到了大和王权时期，其逐渐演变成了由大王（即日后的天皇）授予有力族长的、表现其地位以及与王权关系的称号。从这时起，「姓」不仅成为了用以区别地位高低和身份尊卑、可世袭的"爵位"，而且在某种程度上具有官职的性质，体现出了王权统治下的政治秩序。由此可见，日本的「姓」与中国的"姓"本质完全不一样，它不像中国的"姓"那样是区分血统的主要标志，而是身份和政治地位的象征，隶属于等级制度，依附于统治体制而存在。

从公元 7 世纪开始，日本开始了向建立以天皇为中心的中央集权国家体制转变的进程。公元 603 年，当时作为推古天皇（554—628，日本首位女天皇，第 33 代天皇）摄政（即受天皇授权总摄朝政）的圣德太子（「聖徳太子」，574—622）制定了"冠位十二阶"（「冠位十二階」）制度，确立了官位由天皇决定，而且不看出身看才能的官吏任命标准。公元646 年，大和朝廷参照中国隋唐的政治经济制度，发布《改新之诏》，正式推行"大化改新"。其主要内容有：实行"公地公民制"，即废止贵族、豪族的私有土地、私有民，将其收归天皇所有；确定中央、地方的行政区划和组织，将地方分为国、郡、里，由天皇任命的官吏进行管理，从而建立由中央统一控制的地方行政制度；在圣德太子"冠位十二阶"制度的基础上，废除官位的世袭制；编制户籍、纳税登记表，实行"班田收授法"，将土地分给人们，并规定应向天皇缴纳的租赋数额等。

不论是"冠位十二阶"制度，还是"大化改新"，都大大削弱了过去表示身份、地位的「氏」、「姓」的作用。就这样，在国家政治经济制度的变迁中，氏姓制度逐渐失去了存在的基础和必要，于是，「氏」与「姓」开始混合为一，并最终演变成了「名字・苗字」所具有的涵义。

「名字・苗字」是另外两个与日本人姓氏有关的词。按这两个词的来历说，「名字」先于「苗字」。虽然日本语「名字」和汉语"名字"的汉字一样，但是意思却完全不一样，希望大家注意，不要望文生义。平安时代（794—约1185）中期，根据庄园制度开垦或购买土地者，都要编造土地花名册，登记土地所有权，这种土地的所有权叫「名」，那块所拥有的土地则叫「名田」，所有者可自己命名。不少拥有土地的武士给自己起「字」（相当于中国的"字"）的时候用的都是「名田」的名称。这种"由名田来的字"后来便慢慢简略成了「名字」，并成为了家名，即具有了中国的姓氏涵义。而「苗字」这个说法的出现，一是因为虽然「名字」表示家名，但易和"名"混淆；二是因为它有"分支"、"子孙后代"的意思。这怎么说呢？平安时代出现了为家族兴旺、多子多孙而选择吉祥的文字作为家名的风俗习惯，据说这是「苗字」的语源。另外，随着人口的繁衍，到了平安时代，从同一个「氏」或本家中分了许多分支。这些分支给自己起了新的家名，并世代传了下来。譬如，镰仓幕府（约1185—1333）后期掌握实权的北条一族的「苗字」"北条"就是从"平"这个「氏」中分出来的；室町幕府（1338—1573）的将军足利一族的「苗字」"足利"是从"源"这个「氏」中分出来的。再如，从"藤原"这个「氏」中分出来的后代，若住在近江国（位于现在的滋贺县）的藤原氏，则取"近江"与"藤原"的首字，将「苗字」定为"近藤"。住在伊势国（「伊勢国」，位于现在的三重县）、远江国（「遠江国」，位于现在的静冈县）、加贺国（「加賀国」，位于现在的石川县）的藤原氏的「苗字」则分别是"伊藤"、"远藤"和"加藤"。到了江户幕府时代（1603—1867），「苗字」基本上取代了「名字」，被人们广泛认知为"家名"、"姓氏"的意思，用来表示血缘关系了。

这里需要指出的是，在古代日本，由于「氏」、「姓」、「苗字」是地位、身份的象征，它们便成为了特权阶级的"专利品"，只有贵族、豪族和武士等才拥有「氏」、「姓」、「苗字」。譬如，江户幕府的开创者德川家康（1543—1616）正式姓名的全称是"源朝臣德川次郎三郎家康"（「源朝臣徳川次郎三郎家康」），有的读者会说，这也太长了，没必要嘛。其实，在非常重视身份、讲究等级的古代日本社会（该社会特征一直延续至今），这是十分必要的。看了这个姓名，人们就可以知道，这个人有「氏」为"源"，有「姓」为"朝臣"，有「苗字」为"德川"，是个出身非同小可的大人物。日本语中有一个词叫"苗（名）字带刀"[「苗（名）字带刀」]，意思就是说，在过去，能有家名、能佩戴刀是一种极大的荣誉，只有经过特别批准的人（出身好或者有特殊贡献等）才能称姓佩刀，否则就是乱了纲常的。相对于特权阶级有「氏」有「姓」有「苗字」（当然也有名），明治维新（1868 年）之前，平民百姓是只有名字，而没有正式的「氏」、「姓」和「苗字」的。

明治三年（1870），为了推行户籍制度、促进社会平等（「四民平等」）、加强社会管理等，明治政府发布了《平民姓氏许可令》（『平民苗字許可令』），即鼓励国民自报能在公共场合正式使用的姓氏。一开始，有很多老百姓对姓氏不习惯，或怀疑新政府的这个新政策是为了便于征税，对此反应平淡。新政府见国民不积极，于是，在 5 年后的明治八年（1875），加大力度，又颁布了强制性的《平民必称姓氏义务令》（『平民苗字必称義務令』），要求每个公民必须上报自己正式姓氏。再加上明治四年（1871），新政府已经推出了正式场合不再使用原来的「氏」「姓」的政策，因此，从 1875 年开始，现代意义上的姓氏在日本逐渐普及，慢慢地每个公民都有自己正式的姓氏了。

关于日本姓氏的数量，虽然没有统一的数字，但应该是按万来计算的。譬如，1978 年出版的《日本的姓氏》中收录了日本姓氏约 11 万个，1996 年出版的『日本苗字大辞典』（《日本姓氏大辞典》，丹羽基二 [1996]）中则收录了日本姓氏近 30 万个。日本人的姓氏，不仅数量可观，其内容的多样性也可算是世界首屈一指，可谓五花八门，无奇不有。有趣的是，其中包括了大量地名、住所地理位置、动植物、职业、官位、建筑物、宗教用语、数字等，简直就是一部日本地理、历史、社会、风土人情、风俗习惯等方面的百科全书。[①]

在当代日本，哪些姓氏才算是大姓呢？排行前十位的姓氏依次为：佐藤、铃木、高桥、田中、渡边、伊藤、山本、中村、小林、加藤。其中，姓第一大姓「佐藤」的约有 192 万人；第二大姓「鈴木」约有 170 万人，第三大姓「高橋」约有 141 万人。

三、日本艺术文化

（一）日本传统艺术

1. 歌舞伎

歌舞伎是最具代表性的日本传统戏剧之一，它始于江户时代（17 世纪）初期，至今

---

① 张小琴. 日本人的姓 []. 青岛职业技术学院学报，2008，21（04）：64-67.

已有 400 年的历史。歌舞伎的创始人据说是当时出云（现在的岛根县东部）名为"阿国"的女性。庆长（1596—1615 年）年间，当时身为"出云大社"巫女的阿国为其神社化缘，组织了以女性为中心的歌舞剧团。庆长八年（1603），阿国在京都演出歌舞伎舞，受到人们的喜爱，从此产生了最早的歌舞伎。

最早的歌舞伎表演者均为女性，身着艳丽服饰，有时女扮男装，表演一些通俗、大众化的滑稽歌舞。宽永六年（1629）幕府以"紊乱风纪"为由开始禁止女性表演，从此以后，所有演员均为男性，成了歌舞伎的一大特色。到了元禄时代（18 世纪初），歌舞伎迅速发展，与当时的单纯侧重于音乐、舞蹈的特色相比，增加了不少反映江户、京坂风情而且充满梦幻性的武打剧及侧重于写实性的恋爱剧场面。与此同时，又吸收了当时作为民众娱乐的木偶戏剧（人形净琉璃）及各种音乐艺术的诸多要素，使其内容逐渐复杂多样化，形成了现在这种独特的古典戏剧风格。

歌舞伎的特色正如"歌舞伎"这三个字所表示的，"歌"即音乐，一般由日本的传统乐器三弦、鼓等做音乐伴奏，配合演员的道白与动作等，有着独特的节奏感。"舞"即舞蹈，"伎"即演技。另外所有演员均为男性，饰演女子角色的叫作"女形"。演员的服饰也很艳丽，在舞剧及舞蹈演出时，演员也勾画类似中国京剧中的脸谱。舞台是旋转式舞台，场景变换时不需一一落幕。还有被称为"花道"的舞台与观众席相连的通道，除供演员上下场时使用外，还可作为舞台的一部分，作为剧中场景的河流或房屋的走廊等。同时也起到了增加演员与观众交流互动的效果。

歌舞伎的表演剧目既有描写贵族、上流社会、武士阶层的历史剧，也有真实表现平民百姓生活的现代剧。不管是历史剧还是现代剧，歌舞伎都追求着一个形式美的世界。歌舞伎的台词，即便是日本人一般也很难听懂，因此剧场都配有背景解说及台词的现代语翻译。歌舞伎的演员几乎都是代代相传，演员从幼小时期开始就要接受前辈的严格训练。著名演员有坂田藤十郎、市川闭十郎、松本幸四郎、中村歌右卫门、尾上菊五郎、坂东玉三郎等。著名剧场有东京银座的"歌舞伎座"、大阪难波的"新歌舞伎座"及京都四条街的"南座"等。

在日本歌舞伎比任何一种古典戏剧都更受欢迎，近几年又产生了不少新的剧本和制作，歌舞伎与中国京剧素有"东方艺术传统的姊妹花"之称。晚清诗人黄遵宪在《日本杂事诗》中赞美道："玉箫声里锦屏舒，铁板停敲上舞初，多少痴情儿女泪，一齐弹与看芝居。"他把歌舞伎看作"异乡境里遇故知"了。日本歌舞伎曾到中国多次访问演出，还到澳大利亚、加拿大、美国、埃及等国演出。外国人虽然听不懂它的高度风格化的舞台语言，但它强调戏曲效果的姿势、动作、眼神以及它的摆架子、玩特技和夸张的出场、快速的换装、神奇的转变，这些都是欣赏歌舞伎表演的乐趣所在。

2. 能乐与狂言

日本的能乐和狂言的产生可以追溯到 8 世纪，随后的发展又融入了多种艺术表现形式，如杂技、歌曲、舞蹈和滑稽戏。今天，它已经成为了日本最主要的传统戏剧。这类剧主要以日本传统文学作品为脚本，在表演形式上辅以面具、服装、道具和舞蹈组成。

14 世纪早期，秉承数个世纪舞台传统的各种各样的表演剧团巡回地在寺庙、神社和节庆场合演出，他们一般都有贵族的赞助。"猿乐"就是这诸多流派之一。出色的戏剧作家兼演员观阿弥及其子世阿弥将猿乐改革成为能乐，他们创设的表演形式基本上被沿袭至今。观阿弥将大众娱乐"救世舞"的音乐和舞蹈元素引入猿乐，它的行动吸引了室町幕府将军足利仪满的注意并且得到了后者赞助。观阿弥死后，世阿弥成为观世剧团的头目。室町幕府倒台之后，能乐得到军事领袖丰臣秀吉的赞助。17 世纪，能乐成为德川庆喜的官方财产。在这些年里，表演比世阿弥时代变得更为缓慢凝重。随着幕府制度结束，明治时代的能乐由于梅若实这样的表演者的执着以及贵族的赞助，得以继续发展下去。二战之后，能乐必须完全仰赖公众的支持方能生存。今天，人数不多但是非常热诚的观众继续支持能乐，相当数量的业余爱好者通过缴纳歌舞学费在继续支持能乐。

能乐的舞台，本来是在室外，现在一般都在大建筑物里面，能乐舞台本身就是艺术品。主台长宽各六米，用磨光的日本柏树建成，上面覆盖神道风格的屋顶，另外建有一座通往舞台的桥（"桥悬"）。主台的右边和后面是乐师和合唱团所在的地方。后墙上面绘有松树，这是所有节目所使用唯一的背景，布景由演员的词汇和合唱来创造。舞台后面有三四个乐师，吹笛、打小手鼓和大手鼓，当剧情需要时则打大鼓。合唱坐在舞台的右边，它的主要作用是用歌唱出主角的话语和思想。能乐的面具可以分为很多种类，例如青年女子、老人和恶魔；用于同一个角色的面具也还有不同等级，这影响到角色和戏剧将如何表演。欢乐和悲伤可以通过同一个面具来表现，而仅仅需要稍稍调整。一般说来，只有主角戴面具，在有些剧目中伴角也戴面具，但是配角、配角的伴角以及儿童角均不戴面具。如同面具一样，能乐中鲜艳奢华的服装也非常著名，这与能乐的光秃秃的舞台和拘谨的动作相比，形成十分鲜明的对比。主角服装厚达五层，还有用锦缎制作的外套。演员穿上这套行头营造出威严伟岸的效果，在某些演出中还要加上红色或者白色的假发，效果非凡。主角和配角可以用手势表达复杂的意思，通过使用道具这种手势语言的效果得到加强。最常见的道具就是折扇。扇子可以用来象征一个物品，例如匕首或者勺子，也可以用来表示动作，例如召唤或者赏月。

传统的能剧包括五出戏，中间三出或者四出穿插狂言，但今天的能剧更可能仅包括两出或者三出戏，中间穿插一出或者两出狂言。节目或者单剧都是基于序、破、急的基本戏剧结构，单剧则通常只有一个序、三部分破，加上一个急部分。能剧的保留剧目，由《翁》和现存的分为五组的 240 个剧本组成。《翁》更多的是一种仪式而非演出。五个组的能剧，第一组为神剧，主角首先以人出现，再以神明形式出现。这些剧动作缓慢，今天已经很少表演。第二组为战士剧。多数表演当中有这样的场景：在平源战争中战败一方的战士请求祭司为他的灵魂祈祷。第三组能剧是假发戏。通常，假发戏是关于平安时期的一个美丽女人的故事，这个女人陷入了深深的爱情之中。第四组能剧是最大的一组，一般称为杂能，因为这种剧目涉及多样的主题。第五组能剧叫作恶魔能。这种戏动作最快，主角经常首先以人的形式出现在第一场，后来第二场中复以恶魔的身份出场。

狂言和能乐几乎在同一时期产生，在奈良初期，中国唐朝的散乐（杂技）传入日本。平安时代，民间艺人在此基础上加入了一些模拟人物的滑稽表演，逐渐形成了"猿乐"，这就是狂言的前身。到了镰仓时代，狂言已渐渐显现出与能剧的不同，一直到了南北朝末室町初年，由于贵族武士阶级的支持与援助，狂言和能乐才算是正式登上历史舞台。此后的江户时代，狂言发展迅速并且已经非常成熟。第二次世界大战以后，狂言摆脱了长期以来只能作为能的附属地位而转向独立发展。今天，专业的狂言表演者一方面独立表演，另外也跟能乐表演者搭档演出。

狂言在 15 世纪中叶趋于定型后，主要分成"大藏流""鹭流"与"和泉流"三个流派。由于与大藏流同为幕府直属的鹭流经历了江户末期的动荡以后，在明治时期已经失传，所以我们在这里主要介绍的是现在仍然活跃在表演舞台的和泉流与大藏流。和泉流从创派到现在已经有 500 多年的历史，流派的表演地点主要集中在东京和名古屋一带。在表演上带有关西风格，演技的风格很有现代的抒情主义特色，表演时也很注重柔和的都市风格式表现手法。大藏流的演出地点主要在东京和京都，其中位于东京的大藏流的表演风格比较正统，而关西一些地方的大藏流表演却没有一个统一的定式，风格比较零散。

和能乐上百种的面具比起来，狂言的面具种类就少了许多。因为现代狂言表演者在上台表演时是很少戴面具的。和能乐剧的面无表情相比，狂言虽然在角色上只有神、鬼、精灵、老人、动物等很少几类，但面部表情却有二十几种之多。所以狂言的面具也就主要分为四类：武恶（用来表现鬼）、乙（用来表现年轻的女子）、猿（用来表现动物）、空吹（用来表现精灵）。狂言的服装比起能剧来也简单很多。和能剧雍容华贵的服装相比起来，狂言的服装大多是中世纪日本的日常服饰，很贴近一般平民穿着。狂言虽然是科白剧（科白剧就是话剧），但在表演时也加入了相当多的音乐成分。乐器方面和能乐一样没有使用常规的乐器，而是使用笛、肩鼓、日本鼓和鼓。和能乐不一样的是，狂言在歌谣的演唱方面是比较舒缓的。狂言的歌谣主要分为四类：囃子物、小谣、谣和小舞。

狂言的主要道具没有能乐丰富，大的道具只有樱花树、大屋台和冢等几种而已。在小道具里，相对于在能乐里被广泛使用的葛木桶，在狂言里带盖子的木桶使用范围相当广。另外就是扇子和其他诸如短刀、竹杖之类的小道具的频繁使用也显现出了狂言表演时的独特气氛。

狂言在刚开始时是没有剧本的，后来经过慢慢地发展，逐渐有了剧情的记述，再经过狂言师的记录，就成了今天我们所看到的狂言剧本。现在保存下来的狂言剧本大约有260多个，其中大藏流保存了180个，和泉流保存了254个，不过二者有174个剧目是相同的。狂言在表演时，每出剧目演员不超过4人，主角称为"仕手"，配角称为"胁"。狂言的剧目主要分为：胁狂言、大名狂言、他罗狂言、女狂言、鬼狂言、山伏狂言、出家狂言、杂狂言和舞狂言等。除了杂狂言以外，最大的类别就是他罗狂言。

能乐和狂言属于两种不同的戏剧类型形态。能乐表现的是一种超现实世界，其中的主角人物是以超自然的英雄的化身形象出现的，由他来讲述故事并完成剧情的推动。现实中的一切，则以面具遮面的形式出现，用来表现幽灵、女人、孩子和老人。狂言则是以滑稽的对白、类似相声剧一样的形式来表演。无论是能乐还是狂言，剧本所采用的语言均为中世纪时的口语。能乐及狂言在今天的社会中遇到的最大威胁，就是青年人对古老戏剧失去了兴趣。

联合国世界遗产委员会对能乐和狂言提出了具体的保护计划，日本政府也已经把能乐及狂言列入"文化财产"之列，能乐和狂言及其艺术家们得到了全方位的保护。培训戏剧演员的计划得到了日本政府提供的财政支持，一整套记录该古老剧种的计划正在筹备实施当中。

3. 净琉璃

净琉璃、歌舞伎，在促进文学走向大众化方面起到了重要的作用。初期净琉璃以"平曲"等古代艺能为母胎，并吸取谣曲等要素，说唱词章，由琵琶伴奏，是一种具有朴素音乐性的说唱故事形式。其后净琉璃的发展与傀儡戏以及从琉球传来的"三味线"（三弦琴）产生了密切的联系，使净琉璃、傀儡戏、三味线三位一体，于江户时代元禄年间通过竹本义太夫、近松门左卫门的努力，形成"义太夫曲调"净琉璃一派。近松词章用义太夫曲调说唱，并在舞台上操木偶表演，融通了"净琉璃"（剧本）的文学性、"净琉璃曲调"的音乐性和"操净琉璃"（木偶戏）的戏剧性，创造了一种日本民族独特的崭新的木偶净琉璃。净琉璃作为一种独立的古典说唱艺能诞生了。

现在最早的古净琉璃脚本是《十二段草子》，这一脚本行文多为七五调的叙事体诗，词章优美，由琵琶伴奏，以哀愁为基调，博得观众的深深同情，颇具庶民性。当时净琉璃剧本的题材，其一多是取自源义经的故事；其二是改编平安时代、室町时代的小说片段；

其三是以宗教说话、佛教说经为素材。

进入元禄时期前后，起用近松门左卫门担当净琉璃的作者，催生了近松的第一部净琉璃本《世继曾我》。接着竹本义太夫创设竹本座，近松为他创作了《景清出家》，此后净琉璃作品就正式成为文学的一种形式。接着近松为竹本座的竹本义太夫创作了《三世相》《佐佐木战地》，并搬上舞台。竹本座聘任近松为该座专职剧作者，这是前所未有的做法。此时剧作者的地位得到了大大的提高。这时期净琉璃作者辈出，知名的净琉璃作者有：纪海音、竹田出云父子、松田文耕堂、三好松洛、并木千柳以及近松半二、并木正三、樱田治助等。优秀作品有：近松的《世继曾我》《情死曾根崎》《情死天网岛》、竹田出云及其子小出云等的《义经千株樱》、松田文耕堂等的《夜讨御所堀川》以及近松半二的《妹背山妇女庭训》等，这些都是不朽的名作。

剧本主题主要立足于时代和社会的现实性，反映封建社会的矛盾和人性的对立，比如义理与人情的纠葛、武士社会封建礼教下的殉情悲剧、森严身份制度下的非人性、町人在商品经济下生活的苦恼、金钱万能下物欲横流的社会黑暗、社会伦理对人性的压抑等，悲伤色彩十分浓重。净琉璃悲剧的发展大大地提高了净琉璃剧本的文学性。

现在的人形净琉璃，使用 1~1.5 米高的木偶，舞台上由三个穿黑衣的演员操作，表演不同部位的动作，木偶伴着三弦等音乐和独特的说唱，做出各种各样的表演，其动作栩栩如生，而且由木偶的一些微妙动作还可以表现出其感情的变化。

4. 花道

花道又称华道、日式插花，日本传统的插花艺术，它是"活植物花材"造型的艺术。

日本气候温和，四季鲜明，春夏秋冬适合各种各样的花卉草木生长。日本人自古就热爱自然，热爱具有生命的花草树木。花道艺术起源于佛教的供花，最初只在寺院内盛行，在举行各种仪式时供献花卉并起装饰作用。后来作为观赏的对象传入民间，逐渐形成一种以了解自然为目的的生活艺术。为便于了解日本的插花艺术，现把日本插花的兴衰分为几个阶段，并把左右其发展方向的主要流派作一简述：

（1）15 世纪前僧侣中流传的供花。15 世纪以前日本插花主要是在佛教寺庙内僧侣中流传的佛前供花。相传 6 世纪时日本天皇派遣使者小野妹子前往中国考察当时隋朝的佛教，看到中国佛教礼仪中有祭坛供花，印象极深，于是回国后特别向日本天皇报告插花之事，并和天皇一起研究插花，学习中国以花祭拜。后小野妹子辞官削发为僧，法号"专务"，住到日本京都一座著名的法寺内，那里有一六角堂，堂旁有一池塘，他就在池畔筑起厢坊隐居于此，故名"池坊"。自此他专心研究插花，世代相传，为日本插花的始源。

（2）16—19 世纪初日本插花的黄金时代。这期间，日本太平盛世，民众生活水平提高，插花也从僧侣、贵族上层人士进入平民百姓家。池坊的"立华"不断完善达到定型，许多口传的插花书和著作先后问世，如《池坊专应口传书》《立花大全》《抛人花传书》等。但立华愈趋豪华，一般百姓难以接受。随着茶道的流行，又出现了简朴素雅的抛人花（俗称"茶花"），在此基础上逐渐演变为适合一般人家壁龛的"生花"。从此插花在日本得以普及，池坊流也于此时开始分出不同的流派。

（3）20世纪迎来第二次插花高潮。20世纪是日本插花变革的时期，门户开放后，许多新奇的西洋花卉输入日本，五彩缤纷的色彩大开了插花人士的眼界。但原来的池坊流较为保守，不愿接受新鲜事物，传统的立华和生花花型也不符合时代的潮流，因此引起弟子们的不满，纷纷脱离池坊另立流派。日本现今号称三千流派，绝大部分都是这时期派生的，其中最有影响的是小原流（1911年创立）。小原云心受到当时流行的中国盆景和清代写景式插花手法的影响，又吸收了西洋花卉的色彩，把原来立华和生花那种"点"的插法，改为"面"的插法，自行设计了圆形浅盆，把自然景色移入盆中，称为"盛花"，从此盛花开始流行。他以"从房间发展到街头"为座右铭，第一次在百货公司举办插花展览，将盛花介绍给一般民众，备受欢迎。教学方法也从个人教授为主改为团体教授法，并积极培养女性教授者（以前都是男性教授插花的），在教学员插花时，还要求他们实际接触大自然的植物，采用了新的教学方法。现在许多插花书上介绍的基本花型，就是小原流派的花型。自此各流派（包括池坊流）都有了盛花和瓶花的花型。

（4）第二次世界大战后日本插花走向世界。战后日本沦为战败国，插花无人问津。但是美国驻军开进日本，却奇迹般地给了日本插花以起死回生的转机，并从此走向世界，也使"草月流"从此兴旺发展起来。1945年麦克阿瑟的太太和驻军的夫人小姐们想学习插花，草月流的勒使河原氏被选作讲师，这就给了草月流发展的时机。1946年草月流和小原流合作，在东京的废墟上开办了战后第一次展览会，恰好给当时精神处于极度虚脱的日本人带来精神食粮，有如打了一剂强心剂。展览会盛况空前，从此插花开始了新的转折。1952—1953年各流派都掀起了大改革风潮，失散的又重新组合，插花又活跃起来。这时人民生活也开始稳定，插花教室的招牌四处林立，插花成了生活艺术，更是女子必修的科目。

（5）日本花道代表流派。①池坊流插花：池坊流是日本最为古老的插花流派，已有五百多年历史。它恪守日本插花艺术传统，以"立花"（"立华"）为主，枝条数目取奇不取偶，一般以九条枝条最为常见，这九条枝条各安排在上、中、下段，形成特异的格调；插时各枝有一定的顺序和位置，不能前后倒置，总体成垂直并稍成圆柱型。它的插花构图着眼点在于线条的构成，讲究线条美。池坊流昔日只作为一种供花的式样，现今已成为插花艺术的一个大流派，并在形式上有了不少的改进。②小原流插花：小原流插花是以色彩插花和写景插花为主，在色彩插花当中又分为写实与非写实两种。写实手法注重插花材料的季节性，形式上有较严密的约束；而非写实手法则不同，它并不受花材季节的限制，除了植物本身外，一些非植物的东西也可以配合使用，这也是一种自由式的插法。以色彩插花为主的作品，不管在什么场合都强调色彩美。写景插花则表现了插花者在描写风景方面的主观愿望，常常以石头、花、青苔来表现。一个插花作品有远、中、近景，在浅盘中，创造了"集自然艺术于一体，缩崇山峻岭于咫尺之间"的境界。小原流的表现手法是以"盛花"为主，即是把花"盛"于浅水盘中，表现出面的扩展。"盛花"的出现，打破了以立花于瓶中及投花于瓶中的传统插法。③草月流插花：草月流插花，着意于使插花艺术和当前的生活实际相结合，以反映新生活为主，崇尚自然，各类花材与表现手法兼收并蓄。在花材的使用方面，除了生花外，还配以干燥的、染色的、枯萎的植物，甚至剥了皮的树头等，常以此描写一个变化多端，五彩缤纷的世界，所强调的美，是夸张的，富于想象的，它不是简单地模拟自然，而是追求自然中所难寻的美。所插的花，在多变中保持平衡，在多向中保持统一。一般以三个主枝为构图中心，每一主枝取一个方向，其他的花材作为从枝衬托，整个作品蕴藏着丰富的想象和无穷的变化，达到较高的艺术境界。

5. 茶道

12世纪末期，在中国宋朝学习禅宗的日本僧侣荣西，从中国带回了茶叶的种子以及饮茶器具等，茶叶开始在日本栽培，并广泛被人们饮用，饮茶的仪式也逐渐变得符合日本人的习惯。但给予饮茶仪式精神升华的是日本室町时代的村田珠光。村田珠光主张茶与禅宗的精神统一，创造了追求茶室静寂的草庵式的闲寂茶仪式。16世纪末期（安土、桃山时期），村田的第二代弟子千利休完善了这一仪式。由千利休完成的这一闲寂仪式，形成了精神与形式相随的茶道美学。

茶道所追求的是一种和、敬、清、寂的精神境界，茶道还强调人与人之间的和谐关系。所谓茶道，其基础是茶会，没有茶会也无所谓茶道。茶会即为人们的聚会，参加茶会的人们通过茶道的途径，摆脱凡俗现实社会的制约，在追求和、敬、清、寂的精神境界的同时，以达到人与人之间的关系融洽，心灵相互沟通。另外，与茶道流行发展的同时，还使得茶室、茶器、庭院艺术等得到了发展。

日本茶人在举行茶会时均抱有"一期一会"的心态。这一词语出自江户幕府末期的大茶人井伊直弼所著的《茶汤一会集》。书中这样写道："追其本源，茶事之会，为一期一会，即使同主同客可反复多次举行茶事，也不能再现此时此刻之事。每次茶事之会，实为我一生一度之会。由此，主人要千方百计，尽深情实意，不能有半点疏忽。客人也须以此世不再相逢之情赴会，热心领受主人的每一个细小的匠心，以诚相交。此便是：一期一会。"

这种"一期一会"的观念，实质上就是佛教"无常"观的体现。佛教的无常观督促人们重视一分一秒，认真对待一时一事。当茶事举行时，主客均极为珍视，彼此怀着"一生一次"的信念，体味到人生如同茶的泡沫一般在世间转瞬即逝，并由此产生共鸣。于是与会者感到彼此紧紧相连，产生一种互相依存的感觉和生命的充实感。这是茶会之外的其他场合无法体验到的一种感觉。

茶室分书院式茶室和草庵式小茶室两种。在镰仓时代末期，茶室本来是从中国传入的两层式建筑，房间内部也相当明亮，但经过种种变迁，到室町时代中期，开始出现书院式茶室，房间较大，又由茶人珠光创造了纯日本式的草庵茶室，房间较小（四张半草垫），以后又有更小的茶室出现。同时，又有与正房完全隔离的"数奇屋"（茶室）的出现，标志着茶室日本化的完成。现在的茶室一般以四张半草垫大小的茶室为标准茶室，大于四张半草垫的茶室为"广间"，小于四张半草垫的茶室为"小间"。茶室里一般都有壁龛和地炉，壁龛处悬挂字轴或画轴，下面摆设花瓶花卉。地炉的位置决定室内草垫的铺设方式，一般客人都坐在操作者的左手，称为顺手席。

茶器在这里主要指茶道所使用的工具，一般有釜、柄杓、风炉、茶碗、茶巾、茶筅、水差、茶杓、建水等。"釜"是烧水用的，一般为铁制。"柄杓"是把烧的水倒入茶碗的用具，一般为竹制品。"茶碗"是饮茶用的，一般为陶瓷制品，是茶道中重要也是最具代表性的器具。因在茶道艺术里，有一重要内容就是对茶器的欣赏，其中对茶碗的种类、形状、色彩等的欣赏是所有参加茶会的人们所期待的。"茶巾"是擦拭茶碗用的。"茶筅"是搅拌粉抹茶（抹茶）的一种竹制圆刷。"水差"是盛放往"釜"里加点水或洗"茶碗"和"茶筅"时用水的器具，一般为陶瓷器。"茶杓"是往"茶碗"里放茶的竹制小勺。"建水"是盛放洗完"茶碗"等用过的水的器具。

茶室的庭院也很有日本特色，进入这个庭院就仿佛脱离凡俗世界，身心清净，有种精神的超脱感。通往茶室的小路叫"露地"，一般由卵石等铺成，走过"露地"有一"手水钵"，客人在此洗手、漱口，然后再进入茶室。

茶道的礼法一般分为三种，即炭礼法、浓茶礼法和薄茶礼法。其中炭礼法包括为烧沏茶水的地炉准备炭的程序，浓茶礼法为茶道中最郑重的礼法，饮茶之前，要请客人先吃叫作"怀石"的简单却是精雕细琢、充满美感的饭菜。薄茶礼法是茶道中最基本的礼法，一般学习茶道都先从薄茶礼法开始。茶道中使用的茶为粉末茶，是将四月末五月初采集的优质嫩茶，经洗、蒸、干燥后再研磨成粉末状后而成。在茶道的礼法当中，最受重视的是叫做"点前"的表演，是指在茶室的固定位置，按规定摆放、使用茶具，为客人沏茶的一系列动作。同样，客人饮茶时也有规定的顺序及一系列的动作。一般敬茶时，主人用左手掌托碗，右手五指持碗边，跪地后举起茶碗，恭送至正客前。待正客饮茶后，余下宾客才能依次传饮。饮时可每人一口轮流品饮，也可各人饮一碗，饮毕将茶碗递回给主人。

茶道的流派也有很多，以千利休为始祖的"千家流派"，至今已有400多年的历史。在代代相传中，"千家流派"又分成"表千家""里千家"和"武者小路千家"三个流派，虽然他们的一些礼法规矩不尽相同，但还是继承了千利休的传统，时至今日也是日本茶道的主流。除此之外，还有"薮内流派""江户千家流派""远州流派""大口派"等。

6. 浮世绘

在日本江户时代，由下级武士和平民百姓所创造、与日常生活密切相关的世俗艺术有了很大的发展，其中描写妓楼、歌舞伎等庶民生活风俗的绘画及版画作品被称之为浮世绘。

浮世绘不仅是江户时代最有特色的绘画，而且由于它对西方现代美术的推进作用而闻名世界，在西方甚至被当作整个日本绘画的代名词。从制作手段上看，浮世绘分为两种：木版画和肉笔画。前者是刻制印刷而成，后者是手绘而成。江户时代的人们更珍惜比版画产量小的肉笔画，也留下许多优秀作品。肉笔的浮世绘，盛行于京都和大阪，这个画派的开始，是带有装饰性的。它为华贵的建筑做壁画，装饰室内的屏风。在绘画的内容上，有浓郁的本土气息，有四季风景、各地名胜，尤其善于表现女性美，有很高的写实技巧，为社会所欣赏。这些大和绘师的技术成就，代代相传，遂为其后的浮世绘艺术开导了先路。

在形式方面，成为浮世绘版画母胎的是木版插图本。在内容上成为其母胎的则是宽永风俗画。木版画在日本曾用于佛画，17世纪以来受到新传入的明朝木版插图本的影响，在宽永年间形成日本木版插图的初级阶段。17世纪后期，成为浮世草子前驱的新插图本适应新兴市民阶级的要求陆续刊行，并取宽永风俗画样式。江户以1657年的大火为契机，市民阶层掀起移植京都文化并创造独自文化的热潮，大量刊行各种色情插图本，在木版插图上也出现新鲜的创造愿望。

直至师宣出现时，风俗画制作的据点仍然在京都，与浮世绘版画相关的插图本新动向也首先在京都兴起。但是由于传统环境的原因，木版单张印刷业不太发达，致使浮世绘木版画始祖的桂冠戴到了菱川师宣的头上。京都的西川袖信的业绩同样值得注意，但活动年代稍迟于师宣。袖信除了肉笔画外，还有大量的版画、插图本，可与江户浮世绘师抗衡；并且大多为墨印，题材大部分是美人风俗图。他擅长以京都风格的细致柔软的曲线将女性柔美的姿态表现在版画上，因此具有新的意义。

日本元禄时期的菱川师宣是浮世绘艺术的创始人，为日本绘画史打开了新的境界。浮世绘一经出世，就受到了广大市民的喜爱。这种版画的构成，与我国古代版画的画印方法相同，由画师、雕师、拓师按顺序分工合作来完成。首先由画师作画，再由雕师刻版，最后由拓师按照画面不同的色彩分别拓印成画。这种在木板平面上刻出复杂而又精致的线条，再彩拓成画的高超技术，曾被西方画家视为一种不可思议的技艺。

随着浮世绘艺术的发展，涌现出许多著名画师，除了创始人菱川师宣外，比较著名的还有揭开浮世绘的黄金时代帷幕的铃木春信、美人绘大师鸟居清长与喜多川歌麿、戏剧绘巨匠东洲斋写乐，还有写实派大师葛饰北斋以及将风景绘技巧推向顶峰的歌川广重等名师，以上六人被称为"六大浮世绘师"。浮世绘艺术占据日本画坛二百六十余年，直至明治维新拉开序幕前逐渐消退。这颗跨越三个世纪的东洋艺术明珠，在世界美术史上占有它光辉的一页。

7. 邦乐

邦乐一般指日本音乐的总称。通常是作为西洋乐的对称语使用的，指的是除西洋音乐以外的所有的日本传统音乐。根据使用乐器的种类，可以分为雅乐、声明、琵琶乐、筝曲、箫等。（1）雅乐：在宫廷举行仪式时所演奏的仪式音乐，古代时从中国、朝鲜传入，可以说它保留了日本音乐最古老的风格。（2）声明：佛教的典礼音乐，是一种声乐。它与佛教同时传来，以后给日本音乐带来了很大的影响。（3）琵琶乐：战国时代以后，它是作为一种以琵琶伴奏叙述战争故事的音乐而得到发展的，是弹唱演奏的声乐曲。（4）筝曲：所谓"筝曲"除了指古琴曲以外，还指古琴、三弦、箫的合奏曲。古琴是有13根弦的弹拨弦乐器，江户时期和三弦琴音乐结合一起而得到发展。从大正时期到昭和初期留下许多名曲的官城道雄，给筝曲界带来很大的影响。（5）箫：箫产生于镰仓时期，那些虚无僧吹奏这种竖笛来代替念经。因为它长一尺八寸（约55厘米），故又被称为"尺八"。（6）三弦音乐：三弦的共鸣箱上贴着猫皮或者狗皮，是日本具有代表性的乐器。在江户时期，被广泛使用的三弦，不仅作为歌舞伎、人偶净琉璃等剧场音乐，而且还作为许多歌谣音乐的伴奏，至今仍然广泛使用。（7）民谣：各地歌唱承继下来的歌曲音乐。其中劳动歌曲较多，我们最熟悉的《拉网小调》便是此种精品。

与西洋音乐7个音阶相比，近代邦乐只有5个音阶（这一点应该是继承了我国的"宫商角徵羽"五声）。节奏大部分是2拍子和4拍子的偶数拍子，几乎没有3拍子。歌谣居多，纯器乐曲较少。乐器通常用作声乐伴奏，但和声乐的表演过程，有一种微妙、不一致的复杂的脱节现象。此外，三弦、古琴和箫形成的乐器组合，产生了杂音的要素，而这些却作为邦乐复杂的音色受到人们的喜爱。

明治时期西洋音乐进来以后，西洋音乐成了日本音乐的主流，邦乐渐渐被西洋乐所压倒。但是，近年来邦乐重新得到了重视，爱好者正在增加。日本音乐向来分为邦乐和洋乐两大类，人们在欣赏西方古典音乐的同时也会从邦乐中深切地体味日本传统音乐的乐趣。

近来，有的日本人把西方音乐的手法引入邦乐。西方的作曲家向日本人寻求题材，邦乐和洋乐之间的藩篱似乎已经被拆除了，将来的音乐会成为采纳双方长处的美妙音乐。夏川里美正是日本近现代邦乐界的顶级艺人之一。她的曲风优美动听，无论在日本国内还是亚洲其他地区，都具有相当高的人气。

（二）日本的大众艺术

1. 书道（书法）

古代日本人称书法叫"入木道"或"笔道"，直到江户时代（17世纪），才出现"书道"这个名词。在日本用毛笔写汉字而盛行书法，应当是在佛教传入之后。僧侣和佛教徒模仿中国，用毛笔抄录经书，中国的书法也随之在日本展开。圣德太子抄录的《法华经义疏》，就是受中国六朝时代书法风格影响的代表作。日本天台宗始祖最澄和尚从中国返国时，带回了东晋王羲之的书法作品，并将之推广。

提起书法，相信不少人会认为它是中国独有的一门艺术。其实书法在日本不仅盛行，更是人们修身养性的方式之一。

唐朝时唐太宗曾下令收藏王羲之的作品，一时间使王羲之作品身价百倍，日本遣唐使回国时带回了大批王羲之的手迹。现今的《东大寺献物帐》内收藏的二十卷书法集中，大部分是王羲之的仿迹。古代日本人尊王羲之为书圣，故将书法称作"入木道"。日本人喜爱王羲之书法风格现于言表，他们亲热地称王羲之为大王，称其第七子王献之叫小王。继承了二王骨风的，是平安朝的真言宗创始人空海和尚。他与嵯峨天皇、橘逸势三人被称为平安"三笔"。

平安中期日本废除了遣唐使，随着假名（日本文字）的出现，书法也开始和化（日本化），书法界又出现了小野道风、藤原佐理和藤原行成，世人称之为"三迹"，"三迹"的书法成了后世书法的规范，并由此产生了多种书法流派。和化书风创始人藤原行成创立了"世尊寺流"，历经七世，由于墨守成规而失去吸引力，流于形式，书法也从以贵族为中心而转向武士阶层。书法不仅要求雄浑有力，也要求速度要快。于是出现了以藤原忠通为代表的"法性寺流"，其势压倒了"世尊寺流"。其后，后京极良经继承忠通的风格，创立了"后京极流"。

到了镰仓时代又出现了寂莲、藤原俊成、藤原定家等书法大家。日本把"世尊寺流""法性寺流"等总称为"上代风格"，而将武士社会盛行的书法风格称之为"武家风格"，其代表者是源赖朝、源义经、北条时政等将军。

丰臣秀吉一统天下，使乱世造成的文化停滞情况得以恢复，书法界出现了三名奇才近卫信尹、木阿弥光悦、松花堂昭乘，世人称为"宽永三笔"。江户时代幕府奖励儒学，"唐风"再度盛行。江户末期出现了如市河未庵等职业教授书法的专家，"书道"就产生在这一时期，并成了日本固有艺道的代表。明治初期中国人杨守敬来到日本，他将中国的六朝书风传入日本，如同一股春风吹进日本的书道界。于是日本书道开始由尊重个性、流派传承向注重自由表现的方向发展。战后日中两国书法家之间的交流更是连绵不断。1958年以日本著名的书法家丰道春海为团长的日本书道代表团首次访华。从1973年起"全日本书道联盟"每年都派日本书法家代表团访问中国。1977年，著名的日本书法教育家上条信山、种谷扇舟等发起成立了"日中友好书道教育者协会"，为增进日中两国人民的了解和友谊作出了贡献。

现在的日本学校已将书法教育作为必修科目，社会上有好多书法教室，经常举办书法比赛与展览，甚至连每年日本最大的节日——新年，都特定一天（1月2日），为一年中第一次试笔日，即用毛笔第一次写字，中小学生几乎每年都要举行大规模的新年试笔大会。另外，在社会上书法教室的私塾里练习书法的人越来越多，有的大学还设有书法专业，可见书法在现代日本人心目中的地位。

2. 漫才和落语

"漫才"是日本曲艺的一种，又称"万岁"或"万才"。日本式的相声表演。一般由两人表演，以幽默风趣的语言艺术见长，类似中国的对口相声。漫才源于古代日本人大年初一拜年表演的万岁，即把拜年作为一种仪式，由艺人头目和配角为一组，头戴乌纱，身着大礼服，到各家以风趣吉祥的语言道贺，然后击鼓表演歌舞。据说这种歌舞模仿的是唐朝的踏歌舞。这种表演在镰仓、室町时代称作千秋万岁，民间出现了许多艺人。发展至江户时代，甚至连爱知县的很多人都来江户町表演万岁卖艺。到了明治时代，万岁的内容已不单纯是拜年贺词，而是把传统的《三曲万才》和《御殿万岁》融为一体，改称万才，并由艺人园辰于1887年首次作为舞台艺术搬进了剧场。万才后来又改作漫才，形式比以前更加丰富多彩。不仅融进了口技、舞蹈、歌唱等艺术，而且出现了戏剧漫才（相声剧）、多口漫才（多口相声）以及女漫才师表演的漫才。

在中国传统的对口相声中，表演的角色有两个，一个是逗哏，另一个是捧哏，相当于主角和配角的关系。传统的相声艺术中，就有"三分逗，七分捧；捧逗合缝活精彩"的熟语，意思是说：在对口相声中逗哏虽然是主角，但是它的艺术功能只占到百分之三十。捧逗是配角，其艺术功能可以达到百分之七十之多。相声艺术在给人们创造幽默与欢笑的同时，也创造了一个理想道德魅力的人格。

在日本漫才艺术中，也有类似的艺术角色分类。不过他们不是叫作"逗哏""捧哏"，而是叫作"上手""下手"，意思是说："上手"相对应的叫"下手"。从观众席角度观看与从舞台角度观看，"上手""下手"的左右位置是相反的。以观众席角度为基准，居于左边的演员叫下手；居于右边的演员叫上手。

在中国的相声艺术中，"逗哏""捧哏"的位置与日本漫才艺术的"上手""下手"的位置相反。也就是说，以观众席角度为基准，中国的相声表演以左边为主角，而日本漫才则以右边为主角。

无论是"逗哏""捧哏"，还是"上手""下手"，两个角色通过对话、对语交流，将相声情节中的故事讲述给观众，并将非常理、非逻辑的结果展现出来，产生强烈的、矛盾的对比和结论，从而给出幽默、喜剧的效果。

"落语"也是日本的传统曲艺形式之一。落语起源于300多年前的江户时期，无论是表演形式还是内容，落语都与中国的传统单口相声相似。据说，落语的不少段子和中国渊源甚深，有的直接取自中国明末作家冯梦龙所编的《笑府》。后来又受到《宫廷野史》和《聊斋志异》等文学作品的影响，经过不断发展，才变成落语今天的这个样子。集中表演落语的小剧场被称之为"寄席"。落语一般表演的场地并不大，在剧场前方的小舞台上摆着一个小软垫子，落语师就跪坐在上面表演。虽说落语师表演时都会穿上非常正式的和服，可他们说的却都是地地道道的民间大白话。如果说和中国单口相声有什么不同的话，落语可能更像独角戏或者是单人小品，因为落语除了嘴皮子的功夫，更注重用滑稽的表情和夸张的动作来表现生活，为了让演出更出彩，许多落语师还会再拿出折扇和手帕来当道具。

落语表演的内容大都是老百姓日常生活中家长里短的小故事，如果能经常听听落语，对日本的风俗民情也就能了解得差不多了。日本的落语都是通过师傅带徒弟的方式口口相传的，通常学落语的人要经过十年的苦学才能成长为落语师，学徒出师以后再和演出公司签约，然后就要靠演出来维持生计了。

每年的7月夏日，一年一度的"大银座落语祭"（类似我们的相声节）在日本最繁华的银座街头举行。喜爱落语的日本人摇着轻巧团扇，聚在一起享受快乐。经典段子有《荞麦面》《动物园》《秋刀鱼还是目黑的好》等。大众表演类协会中历史最悠久的大型组织"落语艺术协会"成立75周年的纪念作品《落语天女》2006年1月6日开始播放，还被改编为动画片。此外长濑智也和冈田准一演的日剧《虎与龙》中也有落语的展示。

3. 漫画

日本是个漫画大国、漫画强国，日本漫画居于绝对的全球第一地位。日本漫画业从12世纪就开始发展，可以说是世界上最早的。平安时代的《鸟兽人物戏画》被认为是日本最古老的漫画作品。1915年，日本漫画家冈本一平创立漫画家团体东京漫画会（也就是以后的日本漫画会）。战后初期影响了现代日本漫画历史的代表作品是手冢治虫的《铁臂阿童木》。20 世纪 50 年代以后，越来越多日本漫画家受到手冢治虫作品的启发。20 世纪 60 年代，石森章太郎、赤冢不二夫和藤子不二雄的作品大受欢迎。随着电视突飞猛进的发展，颇受欢迎的漫画开始被搬上银幕，日本开始了动画时代。

第二次世界大战后的半个多世纪以来，漫画在日本的社会地位及人们对它的认识在不断变化。手冢治虫曾把日本现代漫画的发展分为六个阶段：第一阶段（"二战"后的第一个 10 年）："玩具时代"，漫画只是供孩子娱乐的道具；第二阶段："清除时代"，漫画被视为低俗、浅薄的读物；第三阶段："点心时代"，父母和教师勉强允许孩子在不妨碍学习的前提下看一点漫画；第四阶段："主食时代"，1963 年 TV 动画《铁臂阿童木》在电视上连续放映，许多家庭中的大人和孩子一起观看，漫画得到社会肯定；第五阶段（20 世纪 70 年代中期）："空气时代"，漫画已经成为青少年生活中不可分割的一部分；第六阶段（20 世纪 80 年代中期以后）："记号时代"，漫画成为青少年之间相互沟通的记号。大概从 20 世纪 90 年代开始，日本的漫画慢慢地在中国传播开来，许多中小学生以及大学生都看过很多日本动漫。

为什么日本漫画会那么流行呢？这主要是因为日本漫画有着非常强的针对性。日本漫画是按照读者群的年龄和性别进行分类的，可分为儿童漫画（以 6—11 岁的儿童为主要读者对象的漫画），内容简单易懂，如《哆啦 A 梦》《樱桃小丸子》等。少年漫画（以 6—18 岁的少男为主要读者对象的漫画）、少女漫画、唯美漫画、女性漫画（以超过 20 岁的女性，尤其是家庭妇女和白领女性为主要读者对象的漫画），如《会长是女仆》。青年漫画（以 18—25 岁的青年男子为主要读者对象的漫画），有着更多成人化的元素，内容多表现上班族和大学生生活等。

日本漫画成功的原因：（1）政府的支持。（2）社会的包容。（3）产业的发展。为了扩大动画和漫画产品在国际上的销路，加大传播日本文化的力度，日本政府以及东京都政府都在对日本的动画、漫画产业实施支持和扶植政策。日本政府不但将两者作为一项重要的出口产业，而且还将其作为一种独立的文化来培养，在政策、资金和组织上都给予极大帮助。日本外务省还决定利用"政府开发援助"中的 24 亿日元作为"文化无偿援助"资金，从制作商和发行商手中购买其产品的播放和出版权，并将这些购来的动画、漫画无偿提供给那些无力花费巨资购买的发展中国家，让他们的观众和读者有机会去欣赏日本动画和漫画。日本政府此举不但有推动经济发展的目的，同时也有力图通过动画和漫画向海外推广日本文化和达到某些政治上的目的。政府方面的重视无疑给已经发展起来的日本漫画进一步拓宽了发展的道路。

　　日本社会对于漫画的包容明显高于其他国家，这也是日本漫画能形成今天漫画产业局面的一个很重要的原因。日本漫画从 20 世纪 40 年代后期不断发展，到了 20 世纪 90 年代的鼎盛时期，漫画出版物几乎占图书出版总量的一半，迄今仍保持三分之一的高比例，这是日本漫画最突出的特征。在日本漫画市场中，成人漫画和电影等一样是最主要的娱乐方式之一。日本漫画的发展在社会上是没有断层的，存在着各种年龄、性别、文化的和多层次的需求，各式各样的漫画也就相应地培养了起来，漫画在如此宽松的环境内才得以充分发展。

　　资料显示，日本通过漫画、动画和网络游戏三者的商业组合，年营业额达到 230 万亿日元，已经成为日本第三大产业。根据日本贸易振兴会公布的数据，日本漫画、动画、音像制品和特许经营的周边产品，在日本已经形成了一整套产业链，推动着日本经济的发展，这一点在日本文化战略中还会详细介绍。

　　漫画产业的触角延伸到日本的各个经济领域，其中包括动画、游戏、广告、影视、旅游、服装乃至建筑等多项产业。著名的新制度经济学家青木昌彦认为日本正处于自明治维新以来又一次伟大历史转折中，其结果是在日本出现了动漫、娱乐等一系列超过汽车工业的赚钱产业，日本正在借助新文化产业的兴起尝试一种渐进式的经济转型。

第三章 跨文化交际视角下日语教学基础

第一节 日语语言文化的特点与发展

日本是一个四面环海的国家，受地理位置等因素影响，原本是没有语言文化的。早在一千多年前，日本向当时的中国唐朝派遣使者学习文字，之后将学习来的文字及文化带回日本，也就有了汉字日化。现在日语的主要文字为汉字，这充分体现出中国对日语语言发展起到了决定性的作用。当前，日本仍然在不断学习和吸收东西方各国的先进性语言。当然，在吸收语言的同时，优秀的文化和习惯也被引入日本并被加以"优化"，这使得日本文化的发展突飞猛进。日本因其特殊的地理位置而形成了广泛吸收外来文化的特征，日语中的外来语就是重要的代表，因此，日语语言文化具有以下特性：

第一，日语语言文化的吸收性。日本原来没有自己的文字。早在数千年前，日本就开始学习中国的文字；明治维新后，日本开始吸收欧美语言，再次大量引进外来语。在吸收外来语的同时，日本也把各国的先进文化吸收进来，并将其本土化。这样日语在各种先进文化的滋养下不断丰富，发展壮大。

第二，日语语言文化的创造性。日本一直喜欢将国外事物和本国事物融合在一起，创造出带有日本特点的事物。日语在吸收外来语时，并不是原封不动地照搬，而是在此基础上有所创造。大约在公元 2 世纪，中国的汉字开始传入日本，日本人在意识到汉字的巨大作用后，将汉字大量引入日语，在条件成熟时将汉语加以改造，大胆地将汉语的意思加以引申，如用汉字楷书的偏旁部首创造出片假名，用汉字的草书笔画创造出平假名，借用汉字的字形创造出国字，用汉字的繁简特点创造出略字。日本人从汉语中借用了数以万计的汉字和词汇，被借用过去的汉字绝大多数保留了原有的意义或者与原意稍有差别，但是也有许多汉字已经完全日化，与该字在现代汉语中的含义完全不同。

第二节 日语教学的基本理论

日语教学和其他教学活动相同，是一种有目的、有组织、有计划的活动。学生在教师指导下开始学习日语知识，逐步掌握听、说、读、写等日语技能，这是个非常复杂的发展过程，这个发展过程具有客观规律。日语教学就是研究日语教与学的过程及其规律的科学。

一、日语教学与哲学

哲学，特别是辩证唯物主义的认识论和方法论是日语教学法的指导思想的理论基础，是认识日语教学法中各种矛盾的本质和正确处理矛盾的根本。

在研究教育科学时，我们要肯定教学规律是客观存在的，不以人们的主观意志为转移，同时还要认识到随着科学的进步、时代的发展，我们对教学方法的研究也会随之发展变化，就外语教学法体系而言，经历了语法翻译法、直接法、自觉对比法、口语法、视听法、认知法、自觉实践法、功能法、交际法等阶段，每一个教学方法的出现，都是与各种方法相互交叉、互为补充的，是为适应当时社会历史时期外语教学需求而产生的。每一种方法的产生又对旧的教学方法产生了推进和促进作用，完善了旧的教学方法所没有涵盖的内容。

辩证唯物主义关于发展的观点揭示了人们对包括日语在内的外语教学发展过程和一般规律的认识过程。此外，任何教学法理论都要受到教学实践的检验。日语教学是一个多组成（教学内容的多样性）、多层次（教学目的的多样性）、多因素的复杂过程，存在多重矛盾，在探索过程的规律，观察矛盾的对立、统一和发展时，必须联系具体的时间、地点、对象、条件，注意矛盾的共性和个性，注意矛盾的主要方面，坚持具体问题具体分析。哲学观点是我们研究日语教学的根本思想。

二、日语教学与教育学

教育学要求把外语教学作为整个教育活动的组成部分，促使学生全面发展。外语教学既是教育的目的，又是教育的手段。教育学所阐明的原理、原则对整个学校教育，对学校的各门课程都有指导作用。

教学论也称普通教学法，是教育学的一个重要组成部分或分支，它专门研究教学过程及其规律。教学论和学科教学法，包括外语教学法中的日语教学法，既有密切联系，同时又有区别。教学论研究学校各门课程的一般教学过程和规律，它所论述的教学原理、原则及教学方法是从各门学科教学法大量材料中分析、概括、提炼出来的，对各门学科的教学都有指导意义。而学科教学论在研究学科教学理论的同时，一方面要以教学论所阐述的原理和原则为指导；另一方面又以自己的研究成果充实和丰富教学论理论。教学论是教育科学中与日语教学有直接关系的科学。

三、日语教学与心理学

心理学是研究人们的心理过程，研究人们的思维、记忆、想象、意志等心理过程及其规律的科学。人的心理就是脑的特征，生理是心理的基础。教学活动是师生的共同活动，教学的成败取决于师生双方的积极性。学习的过程是认知的过程，与心理活动密不可分。为把教学组织得合理并卓有成效，必须要关注教学实施者的教师心理和作为教学主体的学生心理，了解他们的一般生理和心理特点，掌握师生在教学过程中的心理规律、智力因素、非智力因素和个性因素的和谐作用。行为主义心理学和认知心理学的基本规律是指导日语技能训练和日语学习能力培养的重要依据，心理学可以指导教师和学生在教学过程中找到动机、自尊、自信、自觉性、自主感、记忆技巧及规律等。

教育心理学是研究学生在教育影响下形成道德和品质、掌握知识和技能、发展智力和个性的心理规律，是与日语教学法紧密相邻的学科。教育心理学关于学习动机、兴趣、学习知觉、表象、思维的相互作用的研究，关于掌握知识和技能的心理规律的研究等，都与日语教学法有着直接的关系。

心理语言学或语言心理学研究人们习得、学习和使用语言的心理规律，主要侧重于母语和第二语言的习得和学习等的心理规律，关注不同年龄、母语水平、学习环境和学习动因、学习内容对第二语言学习的影响，心理语言学的研究成果有助于日语教学法建立新的理论，对教学实践有指导作用。

四、日语教学与语言学

语言是交际最重要的工具。学习语言要注意它的物质结构，更要注重其交际功能。任何外语课程的最终目标都是要使学生利用所掌握的语言知识达到交际的目的。语言是思维的外壳，母语水平是思维能力的重要反映，母语思维习惯对日语思维习惯的养成具有干扰作用。语言和言语是不同的概念。语言是音义结合的词汇和语法的体系，言语是在特定的语境中为完成特定任务时对语言的使用。语言和言语互为依存。语言的社会功能表现为言语时才能体现。言语要以语言为基础，不能脱离语言规则。语言是体系，言语是行为。语言和言语的关系表明，日语教学的最终目的应该是培养言语能力或交际能力，日语教学的内容不仅指语言知识，也指听说读写行为，教学方法不仅要根据学习语言知识的需要进行设计，更要根据培养听说读写的能力需要进行设计。

五、日语教学与社会学

语言与社会的关系是辩证的，它们存在着错综复杂的关系。社会的本质是人和组织形式：人，确定了社会的规模和活动状态；组织形式，决定了社会的性质。语言是一种社会现象，是人类区别于动物的重要标志，是人与人交际的工具，也是使人与文化融为一体的媒介，它随着人类的形成而形成，也随着人类社会的发展而发展、变化而变化。文化也是一种社会现象和社会精神力量，是人们通过长期的社会实践所创造和形成的产物，是社会历史的积淀物。人类用语言创造了文化，文化又反过来影响了人类，促使人类走向更大的进步。自古以来人类社会积聚下来的文化遗产给语言留下了深刻的烙印，人类的语言是人类社会文化中的语言，它与人类社会、人类的文化有着密切的关系。

社会学理论是社会学家思想的结晶，众多社会学家留下了丰富的思想，这些思想被后人编撰，形成了社会学理论。社会学的功能论、冲突论、过程论、符号互动论、批判论和结构化理论以及产生自20世纪80年代之后的新功能主义、沟通行动理论、结构化理论、实践社会学理论、理性选择理论、互动仪式链、后现代主义等当代社会学理论，有助于我们正确认识和准确理解各个国家的社会结构、性质，有助于我们了解该国家的社会现象，即语言和文化。因此，在日语教学过程中，社会学的理论对语言教学以及语言文化教学有重要指导意义。此外，社会学要求教学集体的和谐、师生和谐、学生间和谐、教师间和谐、教师与学生家长的和谐、学生和家长的和谐。这些和谐是指心理上、认识上、情感上、行动上的和谐统一，和谐理论是学校教育、语言交际、语言学习理论的基础理论之一。

六、日语教学与系统科学

系统论是把认识对象作为系统来认识，把日语教学看作系统，则必然要采用系统论的方法处理日语教学的有关问题。

系统是由许多相互联系和相互作用的部分（要素）按照一定层次和结构所组成并且具有特定功能的有机整体，所以系统就是整体。在教育科学中，人们长期研究学生、教师、教材、班级等教学组成部分，说明人们思想中还没有把教学作为一个整体对待。在应用语言学研究中，人们专注于语言教学的客观性，较少触及学习主体，基本不谈教育环境，这违背了日语教学的基本规律。所以，我们强调日语教学是一个系统，这是基本的教学观点。

从系统论的观点出发研究日语教学法，有思想意义：1.有助于教师准确把握教育目标，明确日语教育是学校教育中的一个要素，要服从教育的整体目标；2.有助于教师明确教学任务，不能只管教不管学；3.有助于指导教师宏观把握教学内容，不是只了解某一课、某一册书，而是要建立系统的知识结构，明确册、课是教材的要素、子要素，而教材又是教学的要素；4.有助于教师克服语言环境困难，利用现有教学条件，不断提供外在语言环境体系系统，为学生学习创造条件。

七、日语教学与现代教育技术

教育技术是指对学习过程和学习资源进行设计、开发、运用、管理和评价的理论与实践。教育技术的研究对象是学习过程和学习资源。教育技术可以分为更加具体的不可分割的三个部分：1.硬件，指技术设备和相应的教学系统；2.软件，指由硬件实施而设计的教材；3.潜件，指理论构想和相关学科的研究成果。可见，教育技术有以下三个基本的属性：

第一，教育技术是应用系统方法来分析和解决日语学习问题的过程，其宗旨是追求教育的最优化。

第二，教育技术分为有形技术和无形技术两大类。有形技术是指利用自然科学、工程技术学的成果，把物化形态的技术应用于日语教育，借以提高教学效率的技术，它包括从黑板、粉笔等传统的教具到多媒体计算机及网络等一切可以利用于教育的器材、设施、设备等及相应的软件；无形技术主要指利用教育学、心理学、系统科学、传播学等方面的成果以优化教育过程的技术。

第三，教育技术依靠开发、利用所有的学习资源来达到自己的目的。学习资源分为人员、材料、设备、技术和环境，这些资源主要来自两个方面：一个方面是专门为日语学习的目的而设计出来的资源，如教师、课本、计算机课件、投影机、教室、操场等；另一个方面是现实世界中原有的可被利用的资源，如报刊、展览、影视、生产现场、竞赛等。

现代教育技术是把现代教育理论应用于日语教育、教学实践的现代教育手段和方法的体系，包括三个方面：①日语教育教学中应用的现代技术手段，即现代教育媒体；②运用现代教育媒体进行日语教育、教学活动的方法，即媒体教学法；③优化日语教育、教学过程的系统方法，即教学设计。随着网络的普及，微课、慕课、翻转课堂、在线学习等已经逐步出现在日语教学活动中，现代教育技术对日语教学的影响作用越来越不容忽视。[①]

第三节 日语教学的原则与目标体系

一、日语教学的原则

日语教学原则是日语教学规律的反映，是在一定的教学原理指导下对学生掌握语言知识和语言技能的基本路子、途径的总说明。不同的外语教学法流派的理论根据不同，对外语教学规律的认识也不同，对反映教学规律的教学原则的认识也不一致。日语教学首先要

---

① 王琪.日语教学理论及策略［M］.北京：外语教学与研究出版社，2017：1-19.

遵循教学一般原则，还要根据语言学、心理学、教育学、生理学、系统论等科学的最新研究成果，吸取各教学法流派的优点，制订适合我国学习者开展日语教学的基本原则。

（一）以提高学生综合素质为原则

人的素质是指人所具有的从事某种活动的生理、心理条件或身心发展水平。其中包括人的先天禀赋和被内化了的后天教育、影响诸因素。人的素质可分为个体（个人素质）的和群体的（民族素质等）。就个体而言，其素质又有生理的（身体的）和心理的等诸项。其中心理的既包括知觉、记忆、想象、思维、情绪、情感等与生俱来的心理特质，也包括被内化的属于文化范畴的思想的、道德的等社会性心理内容。

日语教学除了使学生掌握日语知识和技能外，还要通过日语课内外的学习提高文化修养，受到思想教育、道德教育、人生观价值观的教育，同时还要开启学生智力，培养能力，把日语教学与人的全面发展这一教育教养任务有机结合起来。

提高学生的综合素质，对教师的要求有：一是认真钻研教材，综合地、灵活地运用教材。日语教学中思想教育的源泉是教科书中的课文。任何一篇课文都要表达一定的思想内容。提炼文章的思想内涵，既可以对学生进行跨文化教育，陶冶情操和品格，也可以对语篇教学内容开展综合性训练，对熟练掌握运用新知识、把握语言文化内涵有促进作用。因此，思想性内容的教学与语篇（字、词、句）教学并不矛盾，而是互为依存，互为促进的。二是在教学过程中要注重挖掘学生的智力潜能，发展学生的智力水平。外语学习的智力要素主要包括语言感知能力、观察力、记忆力、联想力、逻辑思维能力、创造力以及学生的自学能力。三是在教学活动中要注重对学生四项基本技能的培养，称之为外语学习的能力要素。它包括听解能力、会话能力、阅读能力、写作能力，也有学者把翻译能力也纳入外语能力要素范畴。

（二）以激发学生学习动机为原则

"有领导的认识"是教学活动的特点之一。没有教师的主导作用，学生是难以自行完成掌握陌生语言文化知识和技能的任务的。教师对于教学任务能否完成和教学效果的优劣都负有主要责任。然而，学生才是教学活动的主体。教师的主导作用在于激发学生的求知欲和学习兴趣，建立积极的日语学习动机，使他们能够自觉主动地学习。离开了这一点，学生对于语言知识和技能的真正掌握、学生智力的发展、学生态度感情的成熟和提高都是不可能的。

学习动机是推动学生进行学习活动的内在原因，是激励、指引学生学习的强大动力。

其心理因素包括：学习的需要，对学习的必要性的认识及信念；学习兴趣、爱好或习惯等。从事学习活动，除要有学习的需要外，还要有满足这种需要的学习目标。由于学习目标指引着学习的方向，可把它称为学习的诱因。学习目标同学生的需要一起，成为学习动机的重要构成因素。

学生的学习动机可以通过教育教学过程加以培养。培养学生的学习动机对教师的要求有：第一，要通过目标设立、奖惩机制、选择备受关注的热点问题等激发、启发学生的学习自觉性；第二，要激发学生的好奇心与求知欲，帮助学生通过直观或实践活动形成稳定的学习兴趣；第三，根据阿特金森的成就动机理论，总是给学生提供难易度系数为50%的学习内容，因为在这个难易系数度时学生的学习动机最强；第四，对于缺乏学习动力的学生，还可以利用其爱好诸如日本动漫、网络游戏等原有动机，通过必须掌握知识才能完成的影视欣赏或游戏任务造成动机的迁移，以形成学习的需要。

当学生已经有了种种学习需要之后，为了将其维持、加强或进一步发展，还必须做好动机的激发工作。激发学生的学习动机，对教师的要求有：第一，采取启发式教学、讨论式教学、辩论式教学等新颖而生动的教学方法，激发学生的参与语言实践活动意识，提高其语言应用能力和水平。第二，创设问题情境启发学生积极思维。为此，教师要熟悉教材，掌握教材的结构，了解新旧知识之间的内在联系，还要了解学生已有的认知结构状态，使新的学习内容与学生已有发展水平构成一个适当的跨度。创设问题情境的方式可以多种多样，它既可以用教师设问的方式提出，也可以以作业的方式提出；它既可以从新旧教材的联系方面引入，也可以通过学生的日常经验引入。在教学过程和教学结束时，也可以创设问题情境。问题情境创设的方式可以多种多样，并且应该贯穿整个教学过程的始终。第三，创造轻松自由的课堂气氛，避免学生过度紧张和焦虑。第四，适当开展学习竞赛，处理好竞争与合作的关系，建设合作型课堂结构。第五，在对学生进行评价时，奖励和惩罚对于学生动机的激发具有不同的作用。一般而言，表扬与奖励比批评与指责能更有效地激发学生的学习动机，因为前者能使学生获得成就感，增强自信心，而后者恰恰起到相反的作用。教师要针对不同对象把握有效的奖惩尺度，维护好学生的学习动机，促使学生努力。

激发学生学习动机的方式和手段多种多样。只要教师们有效地利用上述手段来调动学生学习的积极性，学生就有可能学得积极主动，并学有成效。

（三）以创设多元语言学习环境为原则

在中国开展日语教学活动的特点之一在于它是一种间接认识，学生在教学中是以学习书本知识为主。生活中的语言是鲜活的，有时候语言规则也不能完全解答现实中所使用的语言现象，更何况作为外语的日语语言与学生的生活和他们自己的个人经验存在相当的差距，有些甚至是完全陌生的。而人的认识总是从感性上升到理性，从具体过渡到抽象，完全没有感性认识和具体形象做基础和支撑，是不可能真正掌握语言概念和文化背景知识的。由于书本知识与学生之间客观存在的距离，学生们在学习和理解的过程中必然会遇到各种各样的困难和障碍，创设多种形式的语言环境和语言学习环境，对学生的成长有重要意义。创设语境可以采取如下措施：

第一，实物直观。实物直观是通过实物进行的，即直接将对象呈现在学生面前。在跨文化学习平时生活中比较生疏的内容时，实物直观能够最为真实有效和充分地为学生提供理解、掌握所必需的感性经验。

第二，模像直观。模像直观是运用各种手段对实物的模拟，包括图片、图表、模型、幻灯、录音、录像、电影、电视等。实物直观虽然具有真实有效的特点，但往往由于受到实际条件的限制而无法使用，而模像直观则能够有效地弥补实物直观的缺憾，特别是现代技术在教育领域的应用，使得模像直观的范围更加广阔，无论是历史还是现实，都能够借助某种技术手段达到直观的效果。

第三，语言直观。语言直观是教师运用自己的语言，借助学生已有的知识经验进行比喻描述，引起学生的感性认识，达到直观的效果。与前两种直观相比，语言直观可以最大限度地摆脱时间、空间、物质条件的限制，是最为便利和最为经济的。语言直观的运用效果主要取决于教师本人的素质和修养。

第四，完善教学条件设施。在科学技术高度发达的当代，日语教学外部环境已经达到一个相当的水平，日语教学所需要的图书情报资料、影像设备、网络媒体资源为创设语言学习环境提供了可能。

在日语教学中切实有效地创设好的语言环境和语言学习环境，对于教师的基本要求有：一是恰当地选择直观手段。教学课程内容、目标不同，教学任务不同，学生年龄特征不同，所需要的直观手段也不同。二是直观是手段而不是目的。一般而言，在教学内容对于学生比较生疏，学生在理解和掌握上遇到困难或障碍时，才需要教师运用直观手段。为直观而直观，只能导致教学效率的降低。三是在直观的基础上提高学生的认识。直观给予学生的是感性经验，而教学的根本任务在于让学生掌握理论知识，因此教师应当在运用直观时注意指导，比如通过提问和解释鼓励学生细致深入地观察，启发学生区分主次轻重，引导学生思考现象和本质、原因和结果等。四是合理选择教学优质资源，应用最有利于学生理解、掌握教学内容的教学技术手段和教学方法，不走形式，不浪费宝贵的课堂教学时间。

（四）以促进教学评价质量为原则

教学评价是依据教学目标对教学过程及结果进行价值判断并为教学决策服务的活动。教学评价是研究教师的教和学生的学的价值的过程。教学评价一般包括对教学过程中教师、学生、教学内容、教学方法手段、教学环境、教学管理诸因素的评价，但主要是对学生学习效果的评价和教师教学工作过程的评价。

教学评价的两个核心环节：对教师教学工作（教学设计、组织、实施等）的评价——教师教学评估（课堂、课外）、对学生学习效果的评价——考试与测验。评价的方法主要有量化评价和质性评价。

对教师实施的教学评价主要包括三类人群：教育管理部门的负责人（包括督导）；同行；学生。在学校教育中对学生实施评价的主要是教师和代表各级各类教育管理部门组织的考试评价。教学评价的方法包括：测验、征答、观察提问、作业检查、听课和评课等。

教学评价的作用主要在于：1. 诊断作用。对教学效果进行评价，可以了解教学各方面的情况，从而判断它的质量和水平、成效和缺陷。全面客观的评价工作不仅能估计学生的成绩在多大程度上实现了教学目标，而且能解释成绩不良的原因，并找出主要因素；2. 激励作用。评价对教师和学生具有监督和强化作用。通过评价反映出教师的教学效果和学生的学习成绩。经验和研究都表明，在一定的限度内，经常进行记录成绩的测验对学生的学习动机具有很大的激发作用，可以有效地推动课堂学习；3. 调节作用。评价发出的信息可以使师生知道自己的教和学的情况，教师和学生可以根据反馈信息修订计划，调整教学的行为，从而有效地工作以达到所规定的目标；4. 教学作用。评价本身也是一种教学活动。在这个活动中，学生的知识、技能将获得长进，智力和品德也有发展。

日语教学法讨论教学评价的原则，主要是从教师评价学生的角度出发。对于教师的基本要求有以下方面：

（1）明确多次评价的目的和评价对象，以解决评价的方向性问题。

（2）明确每次评价的内容、评价的具体目标。

（3）明确为评价而准备的条件。

（4）对评价资料进行客观、科学的判断。

（五）以培养跨文化交际能力为原则

外语教学的主要目的是培养学生的交际能力，而交际能力主要是由语言能力和社交能力构成。交际是通过言语和非言语行为来实现的，不了解对象国的文化不可能真正具备跨文化交际能力，交际行为也受使用者的文化制约，同时也是其文化的载体。在日语教学中，对跨文化交际能力的培养应着重研究干扰交际的文化因素。这些因素包括语言手段、非语言手段、社交准则、社会组织、价值观念等。语言包括词语的文化内涵、篇章结构、逻辑思维以及翻译等值等方面。非语言手段指手势、身势、服饰、音调高低、微笑、沉默、对时间与空间的不同观念等。社交准则则泛指人们交往中必须遵循的各种规则以及某些风俗习惯。社会组织指家庭中各成员的关系、同事朋友关系、上下级关系等。价值观念包括人与自然的关系、道德标准以及人生观、世界观等。

重视对学生跨文化交际能力的培养，主要作用在于：一是了解不同文化的交际功能模式，能使学生进一步意识到不同文化背景下的人们惯用的言行交际方式；二是了解不同的文化行为及其功能，能增强学生对不同文化背景的人们的通常行为的了解，并把它们与受自身文化影响的行为联系起来；三是了解不同文化背景的人们的人生观、价值观、世界观及道德标准，能增强学生对自身文化的意识以及对不同文化、不同道德标准的人们的理解；四是了解不同文化背景的人们的日常生活模式和言语及非言语行为方式，重点是人们日常生活中的常见行为，能帮助学生了解具体情景的行为原则。

在日语教学中贯彻这一原则，对于教师的基本要求有：第一，明确跨文化能力培养的主要任务，即培养学生对人们的行为都会受到文化的影响的理解力；培养学生对社会会受到诸如年龄、性别、社会阶层、居住地等影响人们的言行方式而变化的理解力；增强学生对在一般情况下日本文化中常规行为的意识；增强学生对日语中的词和短语的文化内涵的意识；培养学生用实例对日本文化进行评价和完善的能力；培养学生获取日本文化信息并对其进行加工整理的能力；激发学生对日本文化的求知欲并鼓励学生体验与日本人的文化共鸣。第二，掌握跨文化能力培养的基本方法，如对比法、交际法、演示法、实物以及图片参照法、讨论法等。第三，注重行为文化的导入，要把语言习得和文化习得有机结合起来，使学生通过学习获得语言能力、言语能力和交际能力。

任何一个教学原则的确定都要符合教育现代化的目标。教育现代化的内在特征表现为教育民主化和教育主体性。教育民主化包括受教育的机会均等——不仅是指入学机会的均等和获得知识方面的均等，还包括充分发挥每一个个体的内在潜力以获得本领方面的均等；均等地改变所有教师和学生学习、工作和生活条件；师生关系的民主平等等含义。教育主体性有两层含义：一是尊重学生个体的主体性，让学生主动地、自由地负责；二是尊重教育的自主权，尊重教育的相对独立性，打破模式化教育，用多样化教育造就富于个性的一代新人。

二、日语教学的目标体系

（一）日语教学的内容目标

目前我国的日语教育是以社会力量办学和大中专院校的日语教育为中心开展，基础教育中的日语教学不占据日语教育的主导地位。而在大中专院校的日语教育（包括日语专业）中，由于"零起点"学习者为多，专业的日语教育也是以基础阶段教学和高级阶段教学两个层次开展。

高等院校日语专业课的教学要求，由于受学校性质、学科培养目标等的限制，专业课、必修课、选修课的划分各有特点。开设课程的门类不同，课程名称及开设的时间、周学时数也不同，各学年教学要求的制定也有所差异。总之，参考我国各级各类的日语教学纲要以及国际日语能力考试对于不同级别考试的要求，可以将日语语言和技能教学目标、要求按照基础阶段与高级阶段简单地归纳如下：

1. 基础阶段教学的内容目标

大学一、二年级的日语教学内容标准主要针对大学日语专业（零起点）一、二年级的教学，以及社会力量办学中的最初一、二年内的日语教学。

日语专业基础阶段的教学基本要求是：

（1）学年教学要保证不低于500学时，两年内学生应该掌握现代日语语音、语法、词汇的基本知识，具备听、说、读、写日语的基本技能；能够在所学语言材料范围内正确、熟练地运用日语进行口头、笔头交际，为进一步学习日语奠定坚实的基础。

（2）掌握日语语音的基础知识，朗读或说日语时，发音、语调基本正确，合乎规范，没有明显的语音错误。

（3）掌握日语基础语法，概念清楚，对日语语法中的主要项目、难点理解确切，在语言实践中能够正确运用，无大错误，不影响交际功能。

（4）接触日语单词8000个左右，基本句型250个以上，惯用词组200个以上，其中积极掌握不少于一半。

（5）在听的方面，能听懂日本人一般性的讲话，听懂难易程度与所学课文接近的各种文章的录音。其中生词不超过3%，没有生疏的语法现象。

（6）在说的方面，能较流利地进行日常生活会话，能与日本人进行一般交际性和事务性交谈，能在已学过的题材范围内进行3分钟以上的连贯性发言，无明显的用词与语法错误。

（7）在读的方面，能朗读生词不超过 3%、没有新的语法现象的各种题材的文章，要求读音正确，有表情。能不借助词典快速阅读难易程度与所学课文接近的文章，内容理解确切，并能口头用日语叙述大意。能借助词典阅读非专业性的一般日文报刊。

（8）在写的方面，能记述和改写听懂和读懂的文章，能在两小时内写出 600 字以上的应用文、记叙文，文理通顺，语法、用词基本正确。

2. 高年级阶段教学的内容目标

日语专业三、四年级的教学内容是一、二年级日语教学的延伸，与基础阶段的教学相衔接。在进一步练好听、说、读、写、译方面基本功的同时，还要扩大视野，拓宽知识面，学习日本文化、文学等方面的内容。参考《高等院校日语专业高年级阶段教学大纲》，对这一阶段日语教学提出以下要求：

（1）知识结构目标。按照高等院校日语专业高年级阶段教学大纲的要求，高级阶段的日语教学从语言知识教学转入语言理论、与语言相关的专业知识与理论的教学，需要结合专业选择教学重点和内容。因此课程的具体设置由各学校根据培养目标适当掌握，大纲只是对课程的目标本身作了详细的规定。

（2）语言技能教学目标。高等院校日语专业高年级阶段教学大纲对于语言技能的培养目标也作了明确规定，从听、说、读、写、译几个侧面提出具体要求。

听的内容目标为：能听懂日本人用普通话以正常语速所做的演讲、谈话，反应快，理解正确，并能复述中心内容；对电视节目、现场采访的广播及带地方口音的日本人讲话，听后能掌握主要内容和重要情节。

说的内容目标为：能用日语较正确地表达自己的思想、感情，能与日本人自由交谈；经过较短时间的准备，能用日语即席发言或发表学术见解，就熟悉的内容进行讨论或辩论，阐述观点；日语语音语调正确、自然，表达通顺流畅，无影响内容理解的明显语法错误；能根据不同场合、不同对象正确选用不同的语言表达方式，尤其是在词义的褒贬、敬语的使用及语气、色彩的把握方面基本无误。

读的内容目标为：能读懂专业性很强的科技资料以外的现代日本文章，除了最新外来语、流行语及个别生僻词汇外，基本没有生单词；能读懂一般性日语文章，能理解作品的主要内涵和意境；能较好地归纳、概括其主要内容；能独立分析文章的思想观点、文章结构、语言技巧及文体修饰；对于古文、和歌、俳句等古典作品或文章，借助工具书、参考注释能读懂大意。

写的内容目标为：能用日语写出格式标准、语言基本正确、内容明了的书信或调查报告等各种文体的文章；能写内容充实，具有一定广度和深度的说明文、议论文以及论文；

在构思成熟的前提下，写作速度可达每小时 600 ~ 700 字，语言基本上正确得体，无明显语法错误，用词恰当，简敬体使用正确。

译的内容目标为：口译时，能在无预先准备的情况下，承担生活翻译；经过准备后，能胜任经济、文化等方面的翻译；忠实原意，语言表达流畅，并能区别各种不同的语感和说话人的心态。笔译时，能翻译用现代日语撰写的各种文章、书籍；借助工具书和注释能翻译一般日文古文。汉译日时，能翻译《人民日报》社论程度的文章，每小时能译 400 ~ 500 字（相当于 1000 日文印刷符号）。日译汉时，每小时能译 500 ~ 600 字。翻译文艺作品时，作品的预期意境及文体风格与原文基本相符，重要内容正确。

（3）实践教学目标。日语专业高级阶段教学目标还包括毕业论文和毕业实习。

毕业论文的撰写主要是培养学生书面语言的运用能力，掌握论文的写作方法，提高思考、分析和解决问题的能力。毕业考试合格者可以撰写论文。论文的选题要在所学课程范围内；论文要有独立见解；引用观点等要注明出处；字数 6000 ~ 8000 字左右。

毕业实习是为了使学生将所学的理论、知识切实地应用到实践中，弥补课堂教学的不足，强化课程所学的知识，提高学生在实践中独立思考和解决问题的能力，为毕业后走入社会作好准备。高等教育人才培养质量与规格的改革不断深入，社会对外语人才的需求从研究型转向实践型，为适应社会对外语人才的需求，各高校也在实习实践课程计划、课程类型、课时量、模式、评价体制等方面作了积极的探索，增添了如见习、顶岗实习、海外实践、社会实践等新的模式。有的高校日语专业提出了赴日本半年海外实习的计划；还有的高校把日语专业实习实践时间从过去的 6 周提高到 4 个月，把这些实习、见习的课程设置在大三和大四的各个学期，分阶段、分目标为学生创造接触社会的机会，搭建语言实践平台。对学生的实习、见习的成绩评定主要从工作态度、业务水平、工作成绩、实习或社会实践报告几方面考核，由实习岗位指导教师和学校的带队教师评价。

（二）日语教学的能力培养目标

1.语言知识能力培养目标

语言作为系统是一个整体，作为语言结构的三要素，语音、词汇、语法是日语知识教学的核心部分。语言理论知识的教学就是对语义的辨析、语义概念的解读、语言规则的介绍和使用方法的训练。

（1）语音能力培养目标。日语语音能力培养主要指培养学生有助于顺利掌握日语语音的所有能力。这个能力要素包括遗传生理的和后天培养方面。只针对一般正常学习者而言，它主要包括：能够区分日语语音（音位）的辨音能力；能够准确再现日语语音的发音能力；听觉和动觉的控音能力；发音动作的协调能力；具备自动化言语动作熟练的能力；感知和再现日语语调的能力等。

（2）词汇能力培养目标。日语词汇能力培养目标主要包括：有助于学生生成对词汇的感性认识的形象记忆力（听觉、视觉和动觉的）；迅速而准确地区分近似词的能力；迅速形成新的概念的能力；区别词义的能力；迅速理解词的具体（上下文的）意义的能力；识记各种日语词组、短语、成语的能力；在感知日语时迅速认知和理解词的能力；迅速找出必要的日语词来表达自己的思想的能力等。

（3）语法规则能力培养目标。日语语法规则教学的能力培养目标主要包括：学生的分辨各种词类和句子成分的能力；察觉日语词汇结构及语法特点的能力；根据语法规则变化单词并将词汇连成句子的能力；迅速而准确地辨认和再现各种句法结构的能力；正确掌握词的一致性关系的能力；正写和正读熟练等。在修辞方面，要具备概括语体词汇和语法特点的能力；辨认和再现各种语体的能力。

2. 日语技能的能力目标

语言是用于交际的工具，人们通常是采用听解、会话、阅读、写作的方式进行交际，因此，外语教学论将"听、说、读、写"称为外语学习的四项基本技能，简称"四技"。技能是指身体各部分的灵巧动作或感官的敏锐程度。外语的"四技"训练、实际就是对人们应用外语时的口、眼、耳、手等感觉、听觉、视觉、触觉器官进行的外语适应或外语熟练的训练。在训练这些语言技能的同时，也会逐步提高各种言语能力。

（1）听解能力培养目标。听是获得日语知识和技能的源泉和手段之一。听解是听觉器官的运动过程，也是一种复杂、紧张、富有创造性的智力活动，它要求听者在这种活动的过程中积极地进行感知、记忆、分析、归纳、综合等思维活动。因此，听力训练又是一种重要的智力训练。

根据听的心理特点，把听的能力概括为：快速、迅速捕捉和存储信息的能力；辨别各种语音的能力；适应日语语速的能力；长时间的听解能力；综合和概括的能力；判断力等。帮助学生了解听的心理特点，掌握听解能力提高方法，是听力教学关于听解能力培养的目标。

（2）会话能力培养目标。会话又被称为"说"。会话是一种积极的言语活动，是不经分析和翻译，迅速用外语表达思想的一种技能。它不是简单地重复已经学习过的语言材料，而是创造性地组织已经学过的语言材料表达自己思想的一种行为方式。

会话能力是一种复用式言语能力，根据会话的心理特点，可以把会话能力概括为：自如地、创造性地运用已经学习过的语言材料表达思想的能力；注意力集中在会话的内容而不是语言表达形式的能力；敏捷思考和快速运用语言的能力；会话过程中的日语思维能力

（或排除翻译的能力）；应对无主题对白的语言交际能力等。帮助学生了解说的心理特点，掌握会话能力提高方法，是会话教学关于会话能力培养的目标。

（3）阅读能力培养目标。阅读是重要的获得语言知识的手段，人们通过阅读实现间接言语交际。特别是在当今由于信息技术和现代化网络架起了通讯桥梁，网络在线阅读已经普及，获取日语阅读材料的条件比过去成熟许多，通过阅读获取日语知识已经成为一种重要的学习形式。阅读能力是培养其他言语能力的杠杆，所以，阅读能力的培养也是外语学习的一项重要任务。

阅读能力是指感知、识别和理解语言材料的能力。具体包括：辨认词、词组、句子结构的能力；把握段落中心思想和作者思想发展趋势的能力；弄清句、段之间的关系和诸如指示代词的实际内容等方面的能力；对文章整体的综合理解的能力等。帮助学生了解读的心理特点，掌握阅读能力提高方法，是阅读教学关于阅读能力培养的目标。

（4）写作能力培养目标。写作是借助文字符号传递信息的语言活动或语言交际形式，是一种语言输出过程，也是重要的语言交际活动。随着网络的普及，网上交流的频繁，日语应用写作从书信、公文、科学论文、文艺作品等领域扩展到网络信息交际等领域，增强了写作的应用性，对写作能力的要求也逐步提高。因此写作能力的培养也是日语学习的一项重要任务。

写作能力包括：书面造句能力；搜集素材能力；书面语言的运用能力；捕捉灵感能力；构思能力；组织和形成思想的能力等。帮助学生了解写的心理特点，掌握写作能力提高方法，是写作教学关于写作能力的培养目标。

（5）翻译能力培养目标。翻译是在准确、通顺的基础上，把一种语言信息转变成另一种语言信息的行为。其分类有许多种，如：根据翻译者翻译时所采取的文化姿态，分为归化翻译（意译）和异化翻译（直译）；根据翻译作品在译语言文化中所预期的作用，分为工具性翻译和文献性的翻译；根据翻译所涉及的语言的形式与意义，分为语义翻译和交际翻译；根据译者对原文和译文进行比较与观察的角度，分为文学翻译和语言学翻译；根据翻译媒介分为口译、笔译、视译、同声传译、机器翻译和人机协作翻译、电话翻译等。由于上述分类在语言表达形式上只包括有声语言和符号语言，因此，在讨论翻译能力时，只在口译、笔译两个大的概念下展开讨论。

口译和笔译在语言表达的即时性、文学艺术性等方面对译者的要求有所不同。但是，从翻译的心理过程和能力要求上，两者是一致的，仅在各要素内部有所差异，如对译者心理口译的要求是"稳定、快速反应、一次性"等，笔译则强调"精确、仔细推敲、反复"。鉴于此，可以将翻译的能力概括为：双语交际能力、语言外能力、转换能力、职业能力、心理生理能力和决策能力。

第四节 日语教学方法与创新

日语教学方法是指以日语教育者为主导，日语教育对象参与的日语教育活动，是使日语教育对象具备良好的日语知识和听说能力所施加教育影响的各种方式、程序和手段的总和。

一、传统日语教学的方法

（一）直接法

直接法是针对传统翻译法所存在的弊端所提出的教学法。19 世纪下半叶，由于西欧各国的资本主义进一步发展，各国之间的联系变得日益频繁，互相依赖的程度越来越高。因此，对外语教学的要求发生了转变，开始注重对学生语言能力的培养。单靠翻译法已经不能满足此教学要求。由此，直接法孕育而生。

1882 年，德国的外语教育家菲托尔发表了题为《语言教学必须彻底改革》的小册子。在这本小册子里他抨击了翻译法的教学指导思想，指出语音是语言之本，外语教学应该重视语音教学。法国的外语教师古安和丹麦的语言学家、外语教学家耶斯佩森都发表了阐述改革外语教学思想的文章。在这种情况下，直接法登上了历史舞台。

直接法是一种心理教学法，它将学习活动与学习者心理活动相结合，围绕会话练习进行。因此，学习者人数不宜多。翻译法主张排除母语的干扰，直接接触目的语语言的发音、含义，通过营造说话的场景、出示实物与实际表演进行语言实践活动。因此，学习者能够很快掌握语音语调，有助于听力理解和说话能力的提高。

但是，由于运用直接法教学时，不是运用母语，而是直接运用目的语进行教学，所以对教师自身语言运用能力和学生理解能力要求都很高。在直接法教学体系中，语法多以归纳形式出现，所以学习者学到的不是有完整体系的语言知识，这对学习者自觉系统地学习语言不利，容易挫伤学习者自主学习的积极性。

（二）听说法

听说法与直接法类似，许多思想大同小异。听说法把口语能力放在首位，认为语言是按照一定的语法规则由各种语言单位组织起来的结构体系，强调语法结构的操练，注重学习者口语能力的培养。弗里斯指出，听说法与直接法的根本区别在于教材，编写口语法（听说法）教材时首先要对学生的母语和所学外语进行描写性结构分析的系统的对比，然后以此为基础编写外语教材。听说法的教学原则是"听说领先，读写跟上"，并根据结构语言学的"对立"概念，将语言教学分成"理解""练习""确认"三个阶段进行，并根据"刺激与反应"的学习原理，进行以"替换、变形、扩大、问答"为主要练习的学习。

用听说法进行教学的学习者最初主要是军人。他们经短期集中培训（多则一年，少则半年或三个月）后立即被派往所学外语的国家，很快就进入了真实的言语环境，这样能使他们学到的句型很快与交际情景结合起来，提高了学习者的语言交际能力。

但是，由于听说法过分重视语言的结构形式，实行呆板的语言训练，单一地进行句型训练，导致其对语言的内容与意义得不到充分体现，对学生认知能力的培养不足，学习过程枯燥乏味，极易挫伤学生学习的积极性。

（三）翻译法

翻译法始于17世纪的欧洲。当时欧洲人学习希腊语和拉丁语等古典语言的主要目的是为了学习古典文学。由于当时外语学习的目标只是对古典文学进行书面翻译，对口语要求不高，所以在进行外语教学时，教学重点只放在对文章词汇和语法规则的学习上，主要通过学习者的母语对目的语进行语法比较对照的形式进行，对目的语的教学内容仅靠记忆掌握。

翻译法主要经历了语法翻译法、词汇翻译法、翻译比较法。语法翻译法认为，语言学习的主要方法是对语法规则的记忆，主要是为了进行书面上的理解并进行熟练地翻译。翻译者自身所具有的语言体系是翻译的目标语言的参照体系。词汇翻译法为翻译教学方式找到了普通教育学理论方面的根据。从已知到未知是普通的教学原则，母语是已知的，所学外语是新知的，因此把母语作为教授外语的基础，将翻译视为讲解和巩固外语的手段符合从已知到未知的普通教学原则。翻译比较法深受历史语言学研究方法及理论的影响，提出在外语教学中要进行本族语和外语的系统比较，以此为基础进行翻译。

翻译法通过采用母语对目的语的解释，能够使学习者全面地掌握目的语的有关词汇和语法结构知识。在课堂上系统学习语法知识、进行翻译，有助于将实际接触的言语材料上升到理论高度去认识，从而能够对日常接触的言语事实加以梳理。这种梳理工作帮助学习者从理论上认识、理解、总结实际接触到的言语材料，同时又促进了掌握日常交流中所遇到的言语事实。由于翻译法的重点在文章分析与解释上，所以有助于提高学习者的文章理解能力。采用此种方法，学习者可以利用词典和语法书进行自学。

但是，由于翻译法太过于把教学重点放在语法、书写上，而对学习者的口语能力没有得到足够的重视，在听说能力训练上占用的时间较少，导致学习者在实际的交流活动中很难有效发挥所学语言知识的作用。

（四）交际法

交际法的语言理论基础主要包括哈姆斯的功能语言理论和哈利德的交际功能理论。人的语言能力应该是语言运用能力——交际能力。交际能力既包括对目标语言的掌握能力，还表现在实际的交流活动中的灵活的运用能力。交际能力涉及很多社会因素，如非语言的表达方式，如辅助语、体态语、面部表情等；对与自身处于不同社会关系人物的语言使用能力，如对上级的用语、对下级的用语、对同级的用语；对不同场合所使用的不同语言的运用能力，如日常用语、宴会用语。因此，在日语教学时，应对学生施行有目的、有计划的情境教学，将上述所提到的情况融入日语教学内容中去，从各个方面提高学生的日语交际能力。交际式语言教学就是在他们这种理论基础上发展起来的一种新的教学思想。

从社会学角度看，交际法是在西欧共同体迫切需要实用型语言人才的社会背景下产生的。西欧各国为了加强相互之间经济、政治、科学文化等方面的联系与合作成立了西欧共同体，后来由于西欧共同体成员的逐渐增多，共同体内部成员间使用的语言种类也随之增多，这就对成员之间的交流造成了障碍，对整体的全面发展造成了影响。所以，西欧共同体迫切需要各国更多、更快、更好地培养具有外语交际能力的人才。

交际法的主要原则就是综合运用语言交际活动中的各种要素。在语言交流过程中，经常会遇到如情境、功能、社会、性别、职业、心理、语调、语法、词汇、句型、思维等各种要素，因此不能说仅仅学会了一些词汇、句型和语法规则就是掌握了一种语言，掌握一种语言还要对上述要素进行充分的理解。可以说，对一种语言的学习是非常复杂的。在语言教学时，应全面考虑到现实中使用语言所涉及的各种因素，有意识地对学生进行处于复杂情境中的语言训练，使教学过程交际化。这一原则确保了"综合运用言语交际活动各要素"的实施，使学生的口语表达能力和翻译能力都得到了提高。

运用交际法进行教学时，语言形式教学的多少应与学生的程度高低成反比，即学生程度越高，语言形式教学的成分应越少，非形式教学则越多。交际教学法摒弃了那种只进行单一的语法教学形式，认为应当通过有意义的课堂教学活动将所教的语言教学内容传输给学生，而对于新出现的语言结构和难以理解的语言形式可适当地通过机械性的学习获得。对于学生出现的语言错误，可适当保留意见，选取具有普遍错误的语言内容在课堂上对全体学生进行讲解和训练。

交际教学法既训练学习者语言的准确性，又训练语言的流畅性。在课堂教学活动中提倡信息差，即所提的问题是学生相互所不知道的；主张多安排小组活动和对子活动，在活动进行的过程中教师应认真听每个学生发言，及时分析纠正其存在的错误，并为学生提供一些重要的词汇，启发学生讨论，鼓励学生发言，使学生得到较多的练习机会。

交际教学法的基本步骤是：第一，提出一个简练的对话或几个微型的对话；第二，给出例句，采取全班重复口头练习，小组、个人重复练习；第三，进行问答练习。问答练习建立在对话主题和情景本身上（特殊疑问句，选择疑问句或一般疑问句转换），问和答必须和学生本人的经历有关，必须以对话的主题为中心；第四，探讨发现功能所表达结构的一般规律和规则。

但是，交际法教学不具有固定的教学模式，教师可根据自己的理解和教学条件进行。为了达到教学目的，交际法教学不排斥传统教学方法中有意义的因素。根据教学的特定目的和需求，可采用最有效的方法。需求分析可在多个层次进行，大到影响教学大纲的制定，小到决定一堂课的具体教法活动。

（五）全身反应法

全身反应法（TPR 法），是通过身体运动行为来进行语言学习的一种教学方法，它是美国心理学家詹姆斯·J. 阿谢尔从幼儿自然学习母语得到启示而开发出的教学法。全身反应法的教学理论和心理学中的记忆痕迹理论有着密切的联系。记忆痕迹理论认为，语言和身体的关联性越强，对所记忆内容的可再现性就越大。回忆可以用文字形式或联系行为活动的形式来进行。结合痕迹活动，采用文字形式进行的记忆是通过动作行为来完成的，因此，对于所记忆内容的回忆程度就会加强。

全身反应法的目标是提高学习者的口语表达能力，理解是贯穿教学全过程的方法。全身反应法的基本教学过程是教师（或通过磁带）边下指令（以祈使句句型为主）边做示范动作，学习者则模仿教师动作。学习者通过反复听指令（祈使句句型）并模仿动作，将语言含义和行为联系起来。在这个过程中，教师不进行语法讲解，不强制学习者练习说，即使学习者发音不准确，也不纠正。学习者在一系列的指令和动作中自然地记住语法结构，教师只是在适当的时候帮助学习者归纳这些规则。可以说教师的语法讲解是以归纳形式进行的。语法特征和词汇条目不是根据需要的次数或目标语言的情景而选择的，而是根据在课堂上应用句子的情景和学生学习的难易程度进行选择的。其选择标准包括能被学生容易地吸收的特定的词汇项目和语法结构。

祈使句操练，是全身反应法课堂的主要活动，引导了学生部分的生理行为。在全身反应法中，教师起直接和积极的作用。教师控制语言的输入，而学生则接收语言。教师给"认知图"提供新材料，学生在自己的思想中进行加工。阿谢尔还建议在一个学习时期内，引进一个固定内容的项目，以便能轻易地相互促进、演化和吸收。

全身反应法练习方法简单易学，趣味性强，单词易记，不受年龄、场地等限制，一位教师可同时辅导许多学生。但是，有许多语法形式无法用动作示范。因此，必要时必须与其他教学法并用。

（六）沉默法

沉默法是由美国心理学家凯莱布·加特尼奥开发出来的教学法。沉默法的学习理论假设为：通过发现和创造，通过相应物体，通过解决与学习材料有关的问题来提高学习效果。沉默法的前提是教师必须控制自己，尽可能地保持沉默，让学生自己去发现去说，让学习者相互去纠正，教师只是在必要的时候提供帮助。

沉默法总的目标方向是使目标语言学习接近自然流利。同时，也重视语言的正确发音和目标语言的韵律、成分的掌握。沉默法的近期学习目标，是给学生提供语法的基础实践知识，这些实践知识形成学生独立学习的基础。沉默法的课程设计是根据语法项目和有关词汇而制定的。沉默法所采取的语言项目，是根据语法的复杂程度和前面所学过的语法结构的关系而制定的，而且这些语言项目能非常容易地在口头上使用。

沉默法主张一切从基础开始，在简单的语言任务中，教师示范一个词、一个短语或一个句子，然后启发学生反应。然后，学生可把他们学到的新知识和学过的旧知识结合在一起。创造出他们的新语言。卡片、彩木和其他教具都可用来启发学生，教师的示范应该是最低限度的。学生反应命令、问题和视听主题，构成了课堂活动的基本内容。因此，学习者能进一步认识到自己的发现能力和认知能力，通过这种学习提高自信心，并切身感受到和他人相互合作、共同学习的乐趣。

在运用沉默法进行教学的活动中，学习者是通过自我发现、自我创造和与他人的合作来进行语言学习的，所以学习者的学习兴趣大、效率高，能够提高学习者的自我意识、发现能力和创造能力。但是，运用沉默法需要特殊的教材和教具，对教师个人素质要求很高，不容易普及。

（七）社团语言学习法

社团语言学习法（CLL），是美国心理学教授查尔斯·A.柯伦开发出来的教学法。社团语言学习法，主要来自罗杰诺咨询学的心理顿悟。罗杰诺把咨询看成个人（咨询人）能在内心的参考框架范围里进行推理，并希望人们能把理解咨询和理解世界一样看待。社团语言学吸取了咨询学的比喻学说，在语言课堂上教师和学生的作用被解释为咨询者和被咨询者或语言患者的作用。

社团语言学习法的基本步骤为：首先，学习者围圈而坐，并开始自由会话。起初用母语说，教师（又称建议者）坐在学习者背后，轻声将学习者所说的话改说成要学的目的语，学习者便反复重复并进行录音，按照这个程序，学习者不断说出并处理新的句子。其次，逐句播放录音内容，必要时可将录音内容写出，并就相关语法进行解释。上述过程反复进行，随着学习者目的语能力提高，逐渐减少母语的使用，增加目的语的使用。

社团语言学习法采用建议和协助的方式，即教师不是站在教的立场，而是站在辅导的立场，这样可消除通常学习者学习外语时怕出错的顾虑。由于教师会立刻对学生所说的语言翻译成目的语，学习者可以立刻学到自己想说的目的语，所以，学习目的性、实用性强，可有效调动学习者的学习积极性。

但是，使用这种方法，对教师的外语能力有较高的要求，教师必须很好地掌握该法的辅导技能。另外，这种方法不适宜辅导大群体的学习。

（八）自然法

自然法的创始人是美国加利福尼亚的西班牙语教师特蕾西·泰雷尔。自然法是泰雷尔根据自己长期积累的西班牙语教学经验，结合著名应用语言学家克拉申关于第二语言习得理论产生的。

第二语言习得理论中强调：语言表达是语言理解的结果。换言之，只有当人们理解了目的语，习得才会产生。"理解"在自然法中占据了非常重要的地位。第二语言习得理论中有以下五条基本假设：

（1）习得和学习假设。语言习得的过程类似于幼儿母语的学习过程，它首先对语言进行理解，然后在理解的基础上运用语言进行有意义的交际活动。习得是自然获得语言能力的一种无意识过程。而学习的语言能力是一种有意识的过程，是通过有目的地掌握目的语规则的过程，其结果是使学生了解多方面的知识，从而用言语表达这些知识。学习是一种正规化的教学过程，在这一过程中产生的错误需要教师来纠正以使学生准确地掌握目的语的规则。因此可以说，学习不会导致习得。

（2）监控假设。与习得系统的语言交流的初始表达不同，有意识的学习是用来检查和改正习得系统的语言输出的，其作用是对学习的监控和操作。学习系统仅在语言交流中具有纠错、监控的功能。但是监控的运用要受到三个条件限制：①学习者要运用一条学到的语言规则必须要有充分的时间；②语言运用者要注重正确性和输出形式；③受控者必须了解规则，监控者最好对规则的描述作一定的简化。

（3）自然顺序假设。语言结构的习得具有一种固定的顺序，即某些结构和语素的习得先于另一些。

（4）输入假设。该假设认为输入与习得之间的关系由四个方面组成：①假设只涉及习得，与学习无关；②设置稍超过现有语言水平的内容，使其能通过一定的理解进行掌握，即 i+1（i 指学生所能理解的语言材料量，1 指稍多于学生可以接受的数量）；③流利的口语能力不是靠理论教学所获得的，而是学习者不断进行口语训练所自然形成的；④如果理解输入是充分的，那么，输入自动包含习得者准备习得的语法结构。

（5）情感过滤假设。情感因素在一定程度上能对学习者的学习产生影响，积极的情感因素会促进学习者的学习；反之，会阻碍学习者的学习。要创造一种感情过滤低的环境来保证输入的有效性。情感因素可分为三类：动机、自信与焦虑程度。一般而言，动机越强，越自信，焦虑程度越低越容易习得语言。

第二语言习得理论对语言教学活动的启示：应尽可能多提供理解输入；各种帮助理解的方法都是重要的；在课堂上应该重视听和读的技能训练；为了提高情感因素的作用，应在语言教学中为学生创设有意义的交际情境。

语言仅仅是表达含义、传递信息的工具，反对以结构主义为理论基础的听说法，因为该教学法过多地强调语言结构的操练，而自然法并不注重语法结构，语法结构无须教师在教学过程中作明确详细的分析。

自然法注重交际能力的培养，强调学生应该多接触目的语，而不是操练。实现优化教学需要充分注意调节学生的学习情绪，它还指出第二语言习得的顺序应该是听先于说，即在先学会理解他人言语的基础上开口说话。自然法注重在教学过程中的多重感官的结合，主张采用幻灯片、图形图像、音视频等多种教学手段进行教学。让学生以理解输入来获得最大的信息量，从而提高实际的语言交际能力。

（九）暗示法

暗示法，是保加利亚精神病理学家乔治·洛扎诺夫研究出来的外语教学法。暗示法是一种从暗示学中派生出来的用于学习语言的独特方法。洛扎诺夫把暗示学说成是一种非推理或没有意识影响的系统研究学科。人类对没有意识影响的反应是永恒的。暗示教学法是利用这些没有意识影响来学习语言或把这些影响引导到学习上来，使之产生一种乐观的学习气氛。在课程编排和课文的组织时，洛扎诺夫把大多数通常的语言学习称为"材料式"的学习。一种将要学的新材料常常是由训练有素的教师来朗读或背诵的。

运用暗示教学法，首先教师要在精神上将学习者从"外语难""我学不会"等自我否定式的暗示中解脱出来，在精神上调动学习者的积极性和创造性。为此，学习者和教师之间必须建立相互信赖的关系；其次，在外语学习中，在进行理解词义和句型学习这种有意识的行为时，必须为无意识认识创造良好的条件。良好的条件分视觉效果和听觉效果，如教室布置、椅子分布、温度、明暗、氛围、和谐的音乐等轻松环境。特别注重音乐所表达的形象、节奏、抑扬顿挫等，以此给予学习者感性刺激。

运用暗示教学法的基本步骤是：第一，简要对教学内容进行解说；第二，听音乐，主要分为两个阶段：1.活泼阶段。在听古典或浪漫的音乐的同时，教师和着音乐节奏，抑扬、间歇说台词式地朗读课文，学习者则边听边看着课文（或译文）；2.接受阶段。在这个阶段，音乐改用简单明快的巴洛克音乐，教师以自然速度朗读课文，学生闭目聆听；第三，进行练习，对所学词汇、语法等内容进行巩固。练习形式是学习者朗读、与教师对话、做演剧游戏等。这一阶段占据大部分的教学时间。

二、现代日语教学的方法

（一）讲授法

讲授法是教师通过口头语言系统连贯地向学生传授教学内容的方法。讲授法又分为：讲述、讲解、讲读和讲演。

（1）讲述。讲述就是教师向学生叙述事实材料，或用形象、生动、通俗的词语描述所讲对象。此法多为讲例证、举事实材料和讲社会发展过程时应用。

（2）讲解。讲解是教师对概念、定律、公式、原理等，进行说明、解释、分析、论证等。讲解理论性很强、内容很抽象的教学内容时多用此法。用此法讲课要尽量有启发性，否则容易形成向学生注入知识的现象。

讲解法与讲述法既有联系又有区别。就教学内容而言，讲述侧重于叙述与描绘教学内容；讲解偏重于解释、分析和论证教学内容。就认识顺序而言，讲述侧重于从感知到理解；讲解偏重于从已知到未知。讲述主要是叙述；讲解主要是解释，这是二者的主要区别。

（3）讲读。讲读就是把讲和读结合起来进行教学。既可以边读边讲，也可以普遍读、重点讲，扫除读中遇到的疑难问题。

（4）讲演。讲演即教师以演说或报告的形式，用较长的时间来口述较多的教学内容。它的显著特点是阐述问题的知识面比较宽，语言生动、活泼、形象，并注意运用态势语言。

（二）谈话法

谈话法，也称"问答法"，指教师与学生之间通过对话问答的形式传递知识的教学方法。按课堂中问与答的不同情况，此法又可细分为提问法、设问法、疑问法、留问法等。

（1）提问法。在课堂教学进程中的适当时刻，教师出于某一教学目的向学生提出问题让学生回答，然后视学生问答的情况，教师再决定下一步该如何进行。在这样的问与答之中，完成一堂课的预定任务。

（2）设问法。在课堂中，教师把要讲的内容通过预先设计好的一连串具有一定内在联系的问题，按一定的次序，用设问的口气，逐个地提出来再一个一个地给予回答，直到问题解决，完成一堂课的教学任务。这种方法比较容易突出分析问题和解决问题的思路。提出问题，层层揭示，步步深入，导出结果。

（3）疑问法。教师在讲课中，用答案不能肯定的口气提出问题，设置疑团，以使学生感到确有问题，从而引起学生急于寻求答案的欲望，然后再慢慢分析讲解的方法。这种方法适宜在课堂中某个阶段使用。

（4）留问法。教师在讲述某一知识点时，留出问题让学生进行课外思考，为以后再对这个问题进行深入研究作铺垫。这是一种有启发意义的教学方法。

（三）分层教学法

层次性是指教育对象由于在年龄、性别、身心发展程度上存在差异，而对信息接收的能力不同。分层教学法是指日语教学要从教育对象的特点出发，根据教育对象的不同状况，因材施教，因势利导。

贯彻分层教学法，不是消极地适应教育对象的思想水平，而是要针对学生整体存在的差异性，把照顾整体与因材施教结合起来，在整体发展的基础上鼓励先进者、照顾落后者，最终促使处于不同层次的学生都通过努力学习不断进步，从而提高教学效率，完成教学目标。

实施分层教学法，首先在目标上，要根据学生不同的能力状况，分层次要求；其次，在教育的内容上，要体现由低到高逐步深化的层次顺序，要把握人们需要的共性与个性及可接受的范围，以调动每个学生的积极性；最后，在方法上，依据不同学生的需要结构的变化，根据不同学生认识的特点和要求，因时、因地制宜，因人利导。

（四）自我教学法

所谓自我教学法，指的是受教育者以日语教学目标为学习方向，依靠自我意识基础上的自我认知、自我学习和自我巩固，形成良好的日语认知与能力的方法。在自我教学中，受教育者的地位由传统的客体地位转变为主体地位；教学方式由原来的外在教育转变为内在教育；教学目标由社会规定转变为自我设定。

对于自我教学法的本质，可以从以下方面去理解：

（1）自我教学的思想基础是自我意识和主体意识，教学过程主要是受教育者本身自主进行学习的一种形式。在日语教学过程中，受教学者自我意识的产生是指受教学者对于"自我"的分化，一个是主体的"我"（I），指的是反观和认识自己精神活动的具有主体性的"我"；另一个是客体的"我"（Me），指被主体我所反观和认识的自己的思想精神活动的对象性的"我"。自我教学是主体我（I）与客体我（Me）之间的相互作用和相互影响，进而形成新的主我的过程。

（2）自我教学是"外在的我"与"内在的我"的矛盾统一。"外在的我"受制于自身所处的一切社会关系之中，"外在的我"的思想和存在状态受社会需要的影响。"内在的我"源于人自身内部自发需要的原始冲动，这种不断发展着的自我需要推动着自我意识的形成和发展。

（3）自我教学是由"自发"到"自觉"的矛盾运动和发展。自我教学起源于自我认识，这种认识是通过两种途径来实现的：一是通过他人对自己行为的一种评价，也就是社会学参照群里理论中的参照；二是通过自己的实践活动和自我主观愿望的对比。自我认识最初更多地表现为环境对自我教学的自发性。在自我认识的基础上，"主体的我"就必然会对自身现有的学习状况和外部环境进行分析与评价，在与外部环境要求比较的基础上对自我进行分析，并决定取舍，从而对自我调整和自我控制创造条件和前提。接下来就是"主体的我"对"客体的我"的调整和控制，从而达到自觉的层次。

（4）从自我教学的主体来讲，自我教学又可分为个体自我教学和群体自我教学。个体自我教学的主体是自我教学者本身，是学习者独立进行学习的过程，学习者既是自我教学的主体又是自我教学的客体；而群体自我教学是指某一群体内部的相互教学，自我教学的主体是群体，是群众性的彼此之间的教学活动。一个人在帮助和教学别人的时候自己也受教学，而且这是一种广泛的、经常的自我教学，因而，群体自我教学对于群众中的个体来说，是教学和自我教学的完美结合。

（5）从能否发挥受教学者主体精神的角度看，并不是所有的自我教学都能够发挥人的主体性。自我教学又分为两类情况：一类情况是总把自己看作是教学改造的对象，把自我教学看作是对自我的检讨、自我的批评、自我的反思之类的自我贬低控制的教学，单纯依靠内作用力，限制个性的发展，是"控制性的自我教学"。这类情况最终使受教学者变得谨小慎微、墨守成规。另一类情况是着眼于培养受教学者的主体精神，发展积极的个性品质，提高自尊意识、自信意识，不断积极进取，以理想人格为目标，追求自我完善，是"发展性的自我教学"。这种自我教学才会真正发挥人的主体性，达到内外贯通，促进人的全面发展。

（五）隐性教学法

隐性教学法，是指日语教育工作者隐藏教育目的，按照预定的教学计划，将教学内容渗透到学生日常学习和生活中，使学生在不知不觉中受到启迪的一种教学方法。

1. 隐性教学法的方式

（1）与宏观环境因素相结合的隐性教学方式：宏观环境包括社会经济条件、社会制度、社会文化等，会间接影响人的思想和行为，隐含丰富的隐性教学资源。与宏观环境因素相结合进行隐性日语教学可将日语教学与物质环境建设相结合，如建设日语角、日语墙等，与学生日常生活所接触的物质环境建立充分的联系，使学生在潜移默化的形式中掌握一定的知识。

（2）与微观环境相结合的隐性教学方式：微观环境主要是指学生学习、生活的小环境，这种小环境的氛围会直接影响人的思想意识和行为选择。利用微观环境对大学生进行隐性教学的主要方法有：一是将日语教学与大学生经常的、主要的实践活动相联系，根据不同组织的性质和特点，以相应的学习内容为载体，将日语教学内容融入他们学习的全过程；二是将日语教学与学生的校园活动相融合，将日语教学与校园文化建设相结合，对大学生进行组织文化熏陶。

2. 隐性教学法的要求

（1）要与显性教育有机结合：由于隐性教学方法具有一定的隐蔽性，在实施过程中，教师不能对学生进行直接的指导与调控，因而难以形成大规模的重点突出、目标明确、内容系统的日语教学局面，难以完成系统的理论教学任务。因此，它只有和显性教学实现有机结合，才能使日语教学的效果更加理想。

（2）进行精心组织、策划和引导：要使日语教学的内容很好地渗透到教育对象的学习、工作和生活之中，并做到不露声色地使教育对象接受熏陶，就需要对隐性教学的过程进行精心组织、策划和引导。在实施隐性教学时，教师要对教育情境的设置、教育内容的渗透方式、学生的接受程度等内容进行充分考虑，而且还要时刻关注事态的发展趋势，及时把握学生的内心活动，寻找机会对学生进行恰当的引导。只有如此，才能充分发挥隐性教学的良好效果。

（3）要注意精心选择隐性教学的载体：教学载体是教育者按教育目的设定的、蕴涵着教育意义的事物。在对大学生进行日语教学的过程中，能否充分发挥隐性教学的作用，教育载体的选择和设置是关键。教育者在选择隐性教学载体时必须考虑：其一，所选择的教学载体必须具有较强的教育意义；其二，在选择和设置教学载体的时候，要在学生差异性的基础上进行考虑，根据学生整体的实际情况选择教学载体，创造教学氛围，以提高隐性教学的实际效果。

（4）注意隐性教学过程的长期性：隐性教学是在非强制性手段下通过诱导、熏陶、感染等方式进行的教学，其教学目标、教学内容、教学过程都存在一定的隐蔽性，是在潜移默化中完成的教学，因而就难以明显地收到立竿见影的效果。从隐性教学的实践看，教育对象接受隐性教学的时间与教学的效果是成正比的，受教育时间越长，教育效果越好。这就需要教育者有足够的耐心和恒心，不能急于求成，否则就会欲速则不达。只有长期坚持、持之以恒，才能使隐性日语教学收到预期的效果。

三、日语教学法的创新

日语教学方法要以素质教育为指针，为全面提高学生的日语基础、心理发展水平、跨文化语言交际服务。在这层意义上说，日语教学方法的创新是日语教学模式改革的可靠保障，所以要冲破传统教学模式的束缚，探索新的教学理论和教学方法，具体可以从以下方面着手：

（一）个性化与民主化的创新

在传统的班级课堂教学中教师居于教学中心，具有很强的主导性，培养出来的学生存在类似性，缺少了人对社会的理性需求与自身创造性发展内容方面的培养。因为日语的学习效果在很大程度上与学生自身的智力水平、理解能力、分析能力、思维能力等有关，因此教师需要针对学生的个体差异进行教学，把研究学生学习方法、培养学生自学能力放在重要地位，使倡导个性化教育的日语教学方法改革具有重要的教育意义。

现代日语教学注重发展学生智能，培养学生非认知结构中职能作用的发挥。提倡教学活动的民主化教学，强调教师是学生学习的"朋友"和帮助学习的合作关系，将过去在学生学习日语的过程中由教师家长式的教学导向方式，转变为以学生学习日语的基本知识、技术技能为本的、民主化的日语教学方式，要求学生应用科学性强、合适的学习方法学习日语的基本知识、社会文化、口语交际，培养良好的日语学习习惯。

（二）教学理论指导下的试验创新

教学方法改革作为一项试验，具有一定的风险。因此，在全面开展教学方法改革前，改革者可先根据自己的改革设想，构思实验假说，明确实验变量、自变量、无关变量、因变量等因素，设计出详细的、科学的改革方案。首先在小范围内进行实验，在实验过程中，通过控制无关变量，操纵自变量，使因变量向预想的方向发展。通过分析揭示出实验变量之间的内在联系，自行调整自己的教学方法改革实验方案，及时对实验结果进行客观、全面的总结，针对其中存在的问题提出相关的解决方案；其次，再扩大范围进行下一轮的实验，以此往复，最终使实验结果达到最理想的状态。这样的教学方法改革实验才会确实可靠。

（三）配套改革创新

教学方法是整个教学结构体系中的重要一环。教学方法以教学理念为依据，以实现教学目的为目标，并受教学内容、教学对象、教学环境、教学资源等因素的制约。因此，传统教学方法要想进行创新，就必须对传统的教学观念、考试制度等进行改革。教学方法与教学观念也是密切相关的，教师和学生的观念不变，教学方法的改革也无从谈起。

日语教学方法的改革既要考虑前瞻性，又必须服务于现实，服务于国情。在如何确定日语教学方法地位的问题上必须坚持理论与实际相结合。"实际"：第一是国情；第二是校情；第三是学生情况。"理论"是中西方关于日语教学方法理论有机结合的产物，而不应是简单的照搬照抄。

（四）教法改革与学法改革并重的创新

对教师而言，教学方法是重要的基本功。对学生而言，学习方法是学生搞好学习的重要条件，同时也是学生应该注意研究的问题。因此，对教学方法进行创新应从教师的教法和学生的学法这两方面入手。长期以来，在对教学方法创新的过程中，教学方法的研究与学习方法的研究是不平衡的，人们往往只针对教师的教法进行研究，而常常忽略学生的学法。很显然，教师教法的创新在提高教学效果上占重要地位，是教学改革的重点；但是，这绝对不是说对学生学法创新的研究不重要。随着教育改革的不断深入，社会信息化的不断加快，学生如何更快、更有效率地学习一门知识就显得尤为重要。因此，对学生学习方法改革创新的要求将会逐渐凸显出来。因此，在重视教学方法改革的同时，必须重视学习方法的改革，使二者互相配合，使教与学有机统一，协调发展。

（五）教学手段的现代化创新

现代科学技术的高速发展和应用手段的现代化，对日语课程教学理论与方法的发展起到了积极的促进作用。现代科学技术的发展，使日语课程教学的过程更为合理，这些现代化教学手段与方法的出现与应用，增加了学生学习掌握日语知识、提高交际能力的可能性。日语教学方法的现代化主要表现在教学设备的现代化上。把多媒体教学技术应用于日语课堂的教学，能把学生的视野扩展到日语教学的空间以外，使学生的多种感官充分调动起来，以系统整体的观点研究日语教学方法理论与实践。

（六）多元化创新

多元化创新主要体现在实施者角色的多元化和日语教学跨文化、跨学科的比较研究上。

在日语教学方法的改革发展中，教师已经不仅仅是课堂上教学内容的传授者，也是学生行为的引导者、学生关系的协调者、教学理论的研究者、教学活动的管理者等角色。因此，教师要以学生为中心，在充分了解学生个性、品质、学习特征等方面的基础上，对所教的教学内容、所用的教学方法、所组织的教学活动等进行充分的考虑，探索适合学生全面发展的教学方法与学习方法，不断引导学生进行思维与研究，促进学生全面发展。

跨文化表现在跨国家、民族的比较研究上，以使学生形成不同社会文化的比较与认识，从而理解与接收不同社会的文化，并从中吸取精华弃其糟粕；跨学科表现在将日语教学方法与社会文化、心理学、管理学等相关学科相融合，以使日语教学的方法更具科学性。

第四章 跨文化交际视角下日语课堂教学及其质量提升

第一节 日语课堂教学的组织体系

一、日语课堂教学的要求

课堂教学，是教育教学中普遍使用的一种手段，它是教师给学生传授知识和技能的全过程。不同于个别教学，它包括将教具使用在内的教师和学生的互动、讲解和教学活动，以班级为单位进行。将人数相近的学生按照不同的知识程度和年龄划分为不同班级；根据不同学科的规定选择合适的教材，制定不同的教学方式；全班学生依照安排好的教学时间统一学习。

新课程认为让学生拥有健全的人格和人生智慧与拥有学习知识技能同样重要。而教师和学生之间的互动有利于学生人格和智慧的形成。有效教学认为，学生对内容掌握的百分数乘以整体的教学内容等于教学的有效性。可见，教学的内容和对象会对有效性教学产生决定性影响，这要求学生必须在教师讲课时保持积极、认真、主动，因此在日语教学的过程中，教师应该抓住学生注意力，提高学生专注力，调动学生学习的兴趣，增加他们的知识和智慧，让课堂教学更有效，应做到以下方面：

1. 运用正确教学理念

在日语课堂教学中，教师的作用非常明显，他既是引导者，也是组织者。要想让课堂教学效果最大化，教师就必须拥有过硬的业务素质和良好的教学观念，这要求教师必须积极努力地学习和进修，参加理论和实践拓展，争取早日拥有扎实的基本功、良好的教学素质，努力做到让课堂教学效果最大化。教师不能只依照过往的经验进行教学，要接受新思想和新事物，与时俱进，不能怀抱讲解完知识就达到教学标准的幻想。学生是否主动学习，学习方法是否正确等都应是教师在课堂教学时关注的重点，并以此为基础调整自己的教学方案。

2. 组织教学具有严谨性

在日语课堂教学中，只有有效集中学生的情绪、注意力和思维才能将组织教学彻底贯彻始终，以下三个方面都对教学严谨性提出要求：首先，教师必须严谨对待所要讲授的课程，认真准备每一次课程，确保课程的正确、科学；其次，周密计划教学过程，严密思考，不要过于松弛和紧凑；最后，严格要求教育对象。对学生的站姿、坐姿、回答问题的方式、课堂练习和听讲态度等都要有严格要求，对在课堂中发现的问题积极解决，否则这些问题会对课堂正常、良好的秩序造成影响。

3. 提倡新式学习方式

在我国，传统的教育方式大多强调机械式的被动式学习。新课程要将原有的学习方式变为包括探究、合作和自主等在内的新方式，学习的主要针对对象是学生，学生应该对学习进度和目标有明确掌控，要对学习中出现的问题及时思考并努力解决。为了让学习中充满互动和交流，满足不同程度的学生在学习中的要求，让沟通更加有效，就应明确合作中的不同分工。学生可以在问题情境中独立发现并最大程度解决问题，这就是探究性学习。学生在探究过程中会积极查找资料，主动沟通与交流，从而解决问题，学习知识，并在情感上产生共鸣。

4. 创设民主和谐课堂氛围

丰富的想象力和超强的创造性思维要以心理状态足够自由、放松为基础，教学环境更加轻松和民主才会使课堂教学产生更大效果。首先，教师和学生之间应互相尊重，保持民主；其次，教师要足够重视学生的价值和尊严，不要伤害学生自尊，要发现他们的变化并予以足够的鼓励，让学生大胆地对教科书提出合理质疑，赞扬他们每一次超越自我的表现。

在教学中充满感情，富有策略的教育手段以及灵活的教学方法和艺术的教学语言可以让课堂教学呈现出更大效果。这不仅反映出一名教师的综合素质和实力，也体现了教育"传道授业解惑也"的综合过程。

二、日语课程教学的结构

课程结构是指课程各部分的组织和配合，即讨论课程各组成部分如何有机地联系在一起的问题。一般而言，采用各种划分标准都可以覆盖全部课程，例如，"必修课+选修课""分科课程+综合课程""学科课程+活动课程"，总和就是课程结构中的所有内容。

以"必修课+选修课"为例进行分析，必修课是由国家、地方或学校规定，所有学生必须修习的课程；选修课是指为适应学生兴趣爱好和劳动就业的需要而开设的、可供学生在一定程度上自由选择修习的课程。一般而言，选修课的内容可以是知识方面的，也可以是技艺方面的或职业技术方面的。选修的方式可分两种：一种是指定选修课，即把有关选修课分成几组，规定学生必须选修其中一组或在各组中选修一、二门课；另一种是任意选修课，让学生自由选择，甚至可以跨年级选修。选修课的开设要遵循由低年级到高年级逐渐增多，但要控制在一定范围内。

又如活动课程，活动课主要指兴趣小组、班团活动、课外辅导等，是学生在教师指导下获得知识技能的途径之一，也是促进学生心理发展的途径之一，它对调动学生的积极性、主动性，培养学生解决实际问题的能力和创造性精神，培养兴趣特长，丰富学生的精神生活，形成学生的思想品德，促进学生个性发展等，起着重要作用，因而也越来越受到重视。社会活动课是为了让学生更好地了解国情、了解社会，同时培养学生活动能力而安排走出校门的社会实践活动，是学习课程结构中的一个必要组成部分。

中华人民共和国教育部新一轮课程改革的一个重要举措就是减少课堂教学时数，增加实践教学课时量。按照规定各高等院校日语专业的专业课程时数要控制在 2700 ~ 2900 学时，比过去减少近 1000 学时，同时，实践课程比例大幅度提升。课时结构的改革，导致各大学日语专业的课程改革都遇到了瓶颈问题——课程如何设置才能既保证完成教学内容，又保证人才培养质量，其中最关键的问题：一是技能类、知识类、素养类学科以何种比例为宜；二是必修课、选修课、活动课、社会实践活动之间如何协调；三是如何对 2800 左右学时的专业课程进行分类，找出其典型模式，这就是课程结构要解答的问题。

三、日语课程教学的关系处理

（一）直接经验与间接经验的关系处理

日语学习既是知识的学习，也是技能的学习。课程本身是以间接经验形式存在的，但是学生需要具体参与实践才能完成"从概念到经验"的转变。直接经验不仅是感性经验，还可以发展到更高层级的认识水平，所以鼓励学生积极参与语言实践不能仅停留在课堂练习、课外活动，更要体现在课程设置上，改变既有的课程传统，协调好知识传递课程与实践性课程的关系，这样将更有效地提高学生的发展水平。这个原则体现在日语课程建设上，就是合理设置实践型课程、知识型课程，改变"只有教学过程重视实践，课程设置轻视实践"的现状，让学生在实践中成长。

（二）人文主义与科学主义的关系处理

人文主义课程或者课程中的人文主义主张：在课程的目的上，重视人，崇尚个性；在课程内容上，提倡广泛的课程范围；在课程的实施过程中，充分地尊重、热爱学生。换言之，人文主义课程观就是课程的功能是要为每一个学习者提供有助于个人自由发展的、有内在激励的经验。科学主义的课程主张：在课程目的上，强调科学本身的价值和力量，课程要为科学的发展服务；在课程内容上，提倡和推崇科学、重视各门科学知识在学校教育课程体系中的地位，不断增加科学内容、吸收科学发展新成就；在课程实施上，对于方法和形式同样讲究科学性和效率，即使关注学习者的个体兴趣、爱好、差异，也是从获得好的学习成果出发，不是从学习者的个性发展需要本身出发。

课程改革的任务不是要克服某一方面的弊端，也不是仅仅协调好两者的关系，而是要在两个方面都要进行"基本建设"，在课程中同时加强人文精神和科学精神。在日语课程建设方面，需要加强专业知识的科学选择、传递，更要关注学生个性化成长需求和人文素养的提升。

（三）知识与能力的关系处理

知识与能力之间存在着相互联系和统一的关系，一定能力是知识获得的必要条件，一定知识是能力形成和提高的基础；知识与能力之间又存在着相互独立性，知识是概念和理论系统，能力是心理机制，知识的量的积累不是必然会导致能力提高，能力的形成除与知识相关外还有自己的规律和特征。课程要在学生获得知识的同时培养他们的能力，就必须选择那些具有较高智力价值的知识，并且，必须讲究知识获得的方式。就智力发展的过程而言，内部动作和外部动作同样不可缺少。课程不应该只是理论、概念、规则的"说明书"，而是要规范地引导学生改变学习方式，进行各种主动的学习，促使他们积极地形成概念、发现规律、总结方法和法则，并在这一过程中真正地把知识和能力统一起来。

（四）个人与社会的关系处理

教育和课程自产生之日起，就存在着作为受教育的个体的兴趣、爱好、潜力的自由发展与特定的社会条件对人的需求的关系。社会本位的课程思想服务于培养忠于国家公民的需要；个人本位的课程思想主张教育应以个人的天性发展为目的。历史上而言，社会本位的课程更多地成为主流，而社会进步的标志之一在于个人价值的承认、个人享有自由和权利的增加和个性发展的理想逐步实现。因此，课程改革的目标是强化个人本位课程的理想，改变课程大一统倾向，满足学生不同需求，增加课程弹性，加速课程多样化等。体现在日语教学就是增加选修课程，为学生提供更多的发展空间和机会。

（五）分科与综合的关系处理

课程的分科和综合在不同历史阶段有不同的意义。古代课程偏重综合，近现代课程重视分科，当代课程有向综合化发展趋势。划分分科还是综合的界限不仅在于课程内容上，更在于课程的目标与追求。分科课程追求的是学生掌握不同门类的理论知识及其系统，不强调独立课程外的知识间相互联系。例如，日本文学史课程忽视日本的历史背景，只从文学流派发展过程设计课程。综合课程突出和强化的是课程之间的联系，能够让学生全面、整体认识各学科之间的内在联系。分科课程和综合课程有各自的独立价值，但是两者的联系是绝对的，独立是相对的，分科的彻底取消和分科的唯一论都不可取，缺乏综合和缺乏限制的综合一样不适当。就课程和学习者的认知而言，同时包括分化和综合的课程设置才是合理的。就日语课程改革而言，增加课程的综合化，发展一体化课程是改革的重要任务之一。

第二节 日语课堂教学的过程

关于教学过程问题，古今中外的教育家们对它进行过各种探讨和解释。主要回答或解决的问题有两个：一是教学过程的性质问题，包括教学过程与其他自然或社会过程的联系和区别；二是教学过程的结构、环节、阶段、程序等模式问题。中国的孔子、孟子、朱熹、荀子等都有关于教学过程各因素的论述，西方的柏拉图、夸美纽斯、裴斯泰洛齐、赫尔巴特、杜威、桑代克、皮亚杰、布鲁纳等都从不同的视角对教学过程加以研究和说明。这里，我们不去评论各家之言，只实事求是地说，在现在的中国，我们更加遵循的是马克思主义的认识论，即把教学过程解释为一种特殊的认识过程。这是因为这种理解是教学论发展史上重要的成就和重大的飞跃。历史上对教学过程各种探索的教训之一是只涉及其中的个别方面、成分、属性并误把它当作整体，如完全用心理学观点解释教学过程就是一例。而把教学过程看作一种认识过程的理论，这克服了历史上各种解释的局限，也总结、概括了历史上各种探索的积极成果。为此，这里把日语教学过程看作特殊认识过程中的日语学科的认识过程。这样说，并不是要用哲学认识代替日语教学认识，而是为了用辩证唯物主义认识论来指导对日语教学过程的认识。

一、 日语教学过程的特殊性

日语教学过程有什么特殊性呢？我们可以借助哲学认识论和许多相关学科及教学论的

已有研究成果具体分析：

首先，在日语教学过程中，学生是最基本的个体存在，学生在日语教学过程中产生的认识也是个体认识。虽然教师同样是个体存在，但在教学过程中要完成的是学生的认识过程，而教师从事的主要是教学实践工作，区别于学生的从不知到知之，从知之不多到知之较多的认识过程，故不在这里涉及教师的个体存在。

其次，学生的认识是在日语教学过程中产生的，不仅具有日语学科的特殊性，还具有语言教育的特殊性。从日语学科来看，日语对中国学生来说是外语之一，而其语言及文化具有不同于其他外语的一面。本书的主要任务不是研究日语学科的特殊性，这里不予展开。从语言教育来看，学生认识日语与一般认识规律一样，都是由实践到认识，再由认识到实践的过程。不过，这里的认识过程不是指单纯的日语感知、记忆和思维的过程，这里的实践也不是教师、学生个体的独立活动，而包括日语教与学的相互交往和影响。

基于上述认识，我们可以分别从认识和实践的角度分析出日语教学过程的几个特殊性。

（一）从认识的角度看日语教学过程的特殊性

1. 学生认识对象的特殊性

人类认识世界的过程是探索尚未发现的客观真理的过程。但在日语教学过程中，学生认识的对象主要体现在日语教科书或被规定的日语教学内容中，学生并不是直接去发现未知的日语。学生接受的是经过前人积累、整理或选择的日语教学内容，他们的学习以间接经验为主。可以在最短的时间内学到前人花费漫长岁月才能获得的日语知识和技能，这表明，学生是在间接地认识日语。

然而，现今的教学论更强调教学中直接经验的重要性，不仅掌握间接知识时需要直接经验，在发展智力、培养创造力时也非常需要直接经验。不过，在日语教学认识过程中，学生的直接经验，包括亲身观察、实践、体验等仍有其特殊性：一是这种直接经验从属于间接经验，是为更好地掌握间接经验服务的；二是这种直接经验是少量的，以达成一定的教学目标为限，不是越多越好；三是这种直接经验是经过改造的，它不是生活中的原样，而是在经过精心设计和挑选的典型化、简约化语言情境中的体验，而且除了有日籍教师的学校，国内很难出现真正的日语环境，学生的认知体验多是在假设的模拟情景下进行的。

2. 学生认识条件的特殊性

学生学习日语主要是在学校、课堂环境下，在有专业背景的日语教师指导下进行的。在日语教学过程中，教师的主导作用是必然和必要的，教师决定着教学的方向、内容、方法、进程、结果和质量。同时，日语教师把能利用的有利条件、合适的教学内容、科学的教学方法组成适合学生发展阶段和水平的教学模式，引导学生通过自己的实践逐渐完成日语学习任务，这样就尽量避免或减少了学生对日语认识上的失误，使学生少走弯路。

在日语教学过程中，教师的指导与学生主体是辩证的统一，即学生主体是在教师主导下的主体，教师主导是对学生主体学习的主导。既不能片面强调教师权威，也不能放任学生主体盲目行事。教师讲授无疑是必要的，教师不讲，学生不懂，就不能发挥主动性和主体作用，也无法激发和锻炼学生的思维能力、注意力、想象力和情感，但只有教师传授这一种形式也不利于发挥学生的主动性。必须把教师的主导作用与学生的主体地位统一起来，运用多种形式想方设法调动学生的积极性，激励他们开动脑筋去运用所学，形成外因通过内因而起作用的良性循环。

3. 学生认识任务的特殊性

日语教学过程中，学生通过认识活动不仅能掌握日语知识和技能，还能发展智力和思维能力，形成科学的世界观和社会主义道德品质。因此，日语教学过程又是一个培养人的过程。这与成人认识一般事物的过程、科学家探索真理的过程是不一样的。日语教学过程中的各项活动会引起学生在生理和心理上十分复杂的变化。学生在这种变化中获得新知，形成新的技能或智力，同时接受某种观点、思想。这是教学具有教育性的客观规律，即认识作为一种反映，概括了认知、情感、意志、性格以及各种个性心理特征。思想教育或智力发展不是日语教学认识过程以外的东西，而是内在的，伴随日语教学认识过程始终的。

（二）从实践的角度看日语教学过程的特殊性

1. 实践目的的特殊性

日语教学过程中，言语实践不可缺少。要实际掌握日语，关键在应用，即将所学知识和技能在言语实践中反复运用，这样才能达到提高日语交际能力的目的。

2. 实践环境的特殊性

日语教学过程中的教师和学生的教学实践多限于学校、课堂这样特定的环境，不是在真正的日语环境中，而是教师根据教学任务事前设定的模拟环境。教师在这个模拟环境中对学生加以引导，以利达到预期的教学目的。

3. 实践方式方法的特殊性

日语教学过程中，教师可以通过示范演示、角色扮演、小组讨论、调查报告等多种形式丰富学生的感性体验，还可以借助直观教具，如挂图、卡片、实物、录像、PPT 等，让学生感知新事物。根据教学目的，教师对日语学习任务精心设计、周密安排，使言语实践活动丰富多彩。教师在实践活动中展示自己的人格魅力，从而影响和促进学生成长。

总之，日语教学过程是一种特殊的认识过程，日语教学的目的、内容、任务和活动等都是认识世界或对世界的反映，其特点就是日语教学过程的认识是学生的个体认识；这种认识具有多重特殊性，是在日语教师的指导下，经过学生自身努力获得的。学生在获取日语知识、技能等的同时，其思想情感和个性等也随之发展并丰富。

二、日语教学过程的类型

（一）接受式课堂教学过程

在我国日语教学实践中，接受式教学模式被广泛应用，通常以六环节教学过程为模型，接受式教学过程设计见表 4-1。[①]

表 4-1 接受式教学过程设计

教学环节	时长	累计时长
1. 组织教学	2′	2′
2. 复习、检查	5′	7′
3. 宣布新课的任务与目的	3′	10′
4. 讲解、练习新材料	20′	30′
5. 巩固新材料	12′	42′
6. 布置家庭作业	3′	45′

1. 组织教学

组织教学的目的一是做好上课的准备工作；二是集中学生的注意力，稳定学习情绪，使全班学生投入积极的学习中去。

组织教学是课堂教学的重要组成部分，教师必须善于组织学生听课，否则就不能顺利地进行课堂教学工作。组织教学对好动、注意力分散的学生尤为重要。课堂一开始就要把学生的注意力引到学习上来。组织课堂教学经常采用的方法有：（1）学生起立后齐声向教师问好；（2）教师确认学生出勤情况；（3）教师宣布正式上课。组织教学通常用时很少，当学生注意力集中后马上转入教学，不可拖延时间。

2. 复习、检查

复习、检查的目的是：老师通过对学生作业的检查，来检验学生是否按照要求完成作业；课后练习能很好地复习和巩固以前所学习的内容，加深学生的掌握和运用程度；通过

[①] 本节表格均引自王琪. 日语教学理论及策略 [M]. 北京：外语教学与研究出版社，2017.

检查来发现学生的知识薄弱点和不足之处，进行查漏补缺；将新旧教材进行衔接，为学生的新课学习做好基础工作。该步骤虽然包括四个主要任务，不过也不需要每一节课都要做到这四项，应根据实际情况进行选择或者有所侧重。

复习、检查阶段是整个教学阶段的一个过渡性的环节，其一是对已学的知识进行复习、巩固，起到让学生进行内化的一个作用；其二是在已学知识的基础上，对新的知识点进行引出。一般在这个阶段对词汇和句型的练习方式都不是固定的，而是有所变换的，比如听写、替换、扩展等方式；对课文进行复习多采用对话、回答和背诵的方式。

老师对学生进行课后作业完成程度的检查主要是通过提问的方式。一般采取个别提问、集体提问、并行提问等方式。

老师面对全班同学进行口头提问的方式称为全班提问。详细的操作就是老师提出问题后，全班同学都要进行思考，之后老师指定一个同学来进行回答。该方式能调动全班同学都积极地参与到思考中，以便能回答出老师的提问。虽然最后只会由一个同学来回答，但实际上每个同学都有可能被老师点到。此外可在短时间内提问多人，能增加练习的人次和数量。全班提问的缺点是只能肤浅地检查学生掌握日语技能的情况。

老师先指定一名学生，然后再进行提问的方式被称为个别提问。这种方式有利于老师有针对性地对学生提出问题。这种方式的不足之处在于事先就知道是由谁来回答问题，导致很难调动其他同学积极思考的主动性，若老师没有较好地组织，则对课堂教学效果会产生较大的影响。

将全班提问和个别提问进行结合来进行提问的方式被称为综合提问。这种方式的具体操作是被老师点名的学生只回答老师的一部分问题，其余的还是需要全班同学来思考以便应答。因为每个同学都有可能被老师提名，所以有利于调动全班同学都参与到思考中，从而有利于集中学生的注意力；而且通过综合提问，老师可以比较正确地对学生的日语掌握程度进行把握。以上阐述表明，综合提问既具有个别提问在内容上有针对性的特点，又具有全班提问在形式上有全面性的特点。所以，在日语课堂教学且班级人数不少的情况下比较适用。

老师在同时间里向两位或以上的同学进行提问的方式称为并行提问。例如同一个问题让三个学生来解答，安排两个学生进行笔写回答，一个同学就口头回答。该方式从实质上来看其实就是综合提问，具备综合提问的优势。

3. 宣布新课的任务与目的

宣布新课的任务与目的，是为了使学生明确本节课在课堂上需要掌握的知识，并在教师指导下尽量完成教师提出的任务。

教师的具体做法是：教师要用肯定的语气向学生宣布教学目的："今天我们将学习第……页第……课、从……到……的内容。同学们要掌握……学会……"，这样表述授课目的，可以使师生在下课之前回顾和检查是否达到了既定的目的。现代心理学证明：目的是激发学生学习动机的诱因。高效率的学习是学生积极主动学习的结果。只有学生知道了一堂课的目的，才能调动积极性，为达到目的而努力学习。

4. 讲解、练习新材料

日语课的核心内容就是对日语材料进行讲解和练习。老师在讲解新语言知识之前，要将教材内容、教学目标和学生水平等几方面的情况进行综合考虑，从而选择合适的教学方法和教学手段，而且对练习形式也要进行合适的选择。对新材料的讲解也需要遵循一定的规律，如从浅入深、从易到难、从已知到未知等。

新材料讲解后，需要对学生的掌握程度进行巩固，使其构成学生的知识体系。所以，在课堂中需要一定的练习力度，督促学生对新的知识点进行理解，并在实际练习时提高运用材料的技能。

5. 巩固新材料

巩固新材料有两个任务：通过做各种练习初步巩固刚刚学过的新材料；检查学生理解和掌握新材料的程度。

巩固的方式是练习。该阶段的练习和讲练时的练习不但是有所联系的，更有所不同。比如，巩固阶段的练习要求学生对知识的熟练程度较高。若只是记忆部分，也要求速度比讲练时要快，而且需要预留足够的时间给学生进行练习，这能有效地提高课堂教学效果，有效减轻学生的作业负担。

老师可以通过练习来了解学生对新材料的理解和把握程度。不过，除此以外，检查也是必不可少的一个环节。主要是针对成绩水平在中等以下的学生进行检查，这是因为若是中等水平的学生都对新学的知识有较好的掌握了，那基本上就可以确认大部分学生都已经掌握了，从而可以确认教学目标基本上已经完成了。

6. 布置家庭作业

合理地布置作业能有效地对课堂教学效果进行补充和延伸。它是一种更深入的课堂练习方式，而且课堂练习一般是采取口头回答的方式，家庭作业则需要书面回答。所以，老师对家庭作业要涉及的材料进行合理选择，并对完成时间做好预测。家庭作业的要求是量少但涉及课堂知识的方方面面，因为若是量太大的话，学生完成有压力，导致敷衍了事，这就失去了家庭作业对知识进行巩固的重要作用。

老师要充分重视家庭作业的作用，这样才能让学生正确对待，切忌在快下课甚至下课铃声已经响起来了才布置家庭作业。这个时候学生的注意力已经分散了，往往不能很好地理解老师对作业的要求。

以上阶段并不能进行绝对的划分。教学过程是一个变化的、复杂的、灵活的过程，因此，不能采取统一的结构方式来进行；而且要求老师在开展课堂教学的过程中，要根据学生、教材和课堂氛围等实际情况，对以上几个阶段进行灵活采用。

（二）探究式课堂教学过程

探究式教学（Inquiry Teaching），又称发现法、研究法，是指学生在学习概念和原理时，教师只是给他们一些事例和问题，让学生自己通过阅读、观察、实验、思考、讨论、听讲等途径去独立探究，自行发现并掌握相应的原理和结论的一种方法。它的指导思想是在教师的指导下，以学生为主体，让学生自觉地、主动地探索，掌握认识和解决问题的方法和步骤，研究客观事物的属性，发现事物发展的起因和事物内部的联系，从中找出规律，形成自己的概念。可见，在探究式教学的过程中，学生的主体地位、自主能力都得到了加强。

随着我国新的课程标准的公布，对外语课堂探究式教学模式研究得到空前重视。如果不受课堂教学内容、课堂教学时间的限制，任何类型的日语课，如综合日语、视听、会话、日本文化、日本地理、日本历史、日本文学史、日语语言学概论等课程都可以采用探究式教学模型进行授课。但是，探究式教学模式不适合大班授课，只适合30人以内的小班教学。探究式课堂教学过程设计见表4-2，具体教学环节设计如下：

表 4-2　探究式课堂教学过程设计

教学环节	时长	累计时长
1.创设情境，激发学生自主探究欲望	5′	7′
2.开放课堂，发掘学生自主探究潜能	15′	22′
3.合作探究，训练自主学习的能力	10′	30′
4.布置创新作业，激励学生自主学习	3′	33′

1.创设情境，激发学生自主探究欲望

在探究式的教学方法中，需要教师在教学过程中，根据教学目的和学生自身特点来提出问题，并引导学生一步步进行解答。在这一过程中，问题是教学的起点，也是教学的核心所在，教师需要保证问题的难度适宜且符合逻辑。更加贴近生活的教学方式可以为学生创造更好的语言环境，如同处在一个真实的情景之中，这也是创设情境式教学的优势所在。可以采取如下方式：

（1）创设悬念情境：针对学生的年龄特征与心理特点等，在新课引入时，依据教学内容创设制造悬念来诱发学生的学习兴趣。

（2）创设信息情境：在课堂教学活动中，教师要提供一些开放性、生活性、现实性的信息，让学生根据教师所创设、提供的信息，提出、解决教学问题。学生都可以进行创新意识和实践能力的训练，从而，使每个学生真正感受到学习的乐趣。

（3）创设生活情趣：把语言教学从抽象、枯燥的概念讲解、句型背诵等形式中解放出来，使从教学内容到形式更接近现实中的语言交际。

（4）创设求异情境：教学过程中还需要教师能够激发、引导学生们的求异思维。这是一种打破常规法则，从不同的角度解读信息，用不同的方式分析问题，并用不同的方法解决问题的思维，也是创造性思维的一种。教师可在具体示例的基础上，提出新的问题，并在学生出现求异意识时进行肯定与表扬；在学生找不到求异的思路时进行引导和鼓励，直面艰难，进而走向成功，感受求异思维带来的快乐。

2. 开放课堂，发掘学生自主探究潜能

开放课堂是教学过程中一个重要的步骤，而教师在这一环节中扮演的是组织者的角色。在为学生找到适当的方法并制定合理计划，并提供实验条件和实验所必需的资料后，让学生们自己去进行相关的实验或资料的查阅，去找到问题的答案，并在自己总结后得出结论。无论是单个学生还是分组进行，在整个探索过程中，教师需要注重对学生团队合作意识的培养。同时也应对结果保持足够的包容性，无论是相同还是不同的结论，都应该给学生机会去进行阐述，让大家来共同讨论每个人或每个团队的结论。

教师可以在学生的学习过程中进行适当的点拨和诱导，从而锻炼学生自己发现问题的能力，进而培养学生自主学习的能力。

3. 合作探究，训练学生自主学习的能力

探究教学的过程之中，教师与学生的关系准确地来说更像是引导者和探究者的关系，前者负责启发诱导，后者负责探究和新事物的发现。教师需要能够准确地把握这其中的限度，实现"引"和"探"的平衡，既不放任漫无边际的探究，也不过多干涉。

学生可以在课堂上对自学的结果进行交流，这一过程中，思维的碰撞往往可以带来创造思维的火花。交流的方式是多种多样的，可以选择自由发言或先进行组内分享，再由代表进行班内的汇报。

学生们可以将分享出来的问题和普遍认识不够清晰的部分进行讨论。这一环节是不局限形式的，同桌之间、小组之内、全班讨论都可以，让学生们能够拥有一个表达、合作、辩论的平台，既是单一性的教师指导和代表着求异思维的学生们的自主思考探索相结合，也是传授知识与解决问题的结合。

在教学过程中，教师可以通过提问的方式来对学生们进行引导，引发讨论，带动学生们进行自主思考。在这一过程中，教师要保持对于讨论内容和问题的高度关注，及时对讨论的思路进行调整，将学生引导至正确的方向。当有与自己备课的结论不一致的情况发生时，需要特别注意，并将其作为日后的学案。最后，在学生讨论的过程中，要能够及时地发现他们，尤其是"后进生"的优点，给予肯定和鼓励，调动大家讨论的积极性。讨论是一个思维碰撞的过程，在这一过程中激发学生的表现欲，并最终促使学生们创造性思维的完善。

4. 布置创新作业，激励学生自主学习

教师应该学会因材施教，根据学生学习能力的差异来进行分层分组，改变固有的布置作业的思路，合理适度安排。这样可以减轻学生的学业负担，也能够激发学生学习的兴趣，培养学生的自主性和探究精神。比如，对于课文类的内容，就可以将作业分为以下三个等级：

（1）自由朗读喜欢的段落，抄写课后词语。

（2）摘抄并背诵课文中的优美词语，或者（按人物、情节、时间关系）设计课文内容逻辑关系图。

（3）写读后感或写一段介绍文章的导读。

课外阅读作业可以对学生的阅读面带来扩展的作用，同时还能让学生更多地去积累新的词语和写作素材。在对新内容不断地阅读过程中，阅读能力和写作能力都会得到提升，使得学生自主学习的兴趣更加高涨。

日记作业是一种在潜移默化中提高学生写作能力的方式。可以将生活中的见闻、自己对于生活和事物的见解、内心的情感用自己喜欢的形式记录在日记中，可写的内容丰富多彩。学生在写日记的过程中对自主学习产生兴趣，写作水平也会在这一过程中得到提升。

布置具有想象力的作业。捕捉课文中可延伸、可拓展又能升华和突出主题的地方，鼓励学生发散、变通，培养学生的创新意识，激发学生自主、探究学习的兴趣。

（三）讲练课课堂教学过程

语言是人们日常交流沟通的工具，日语也不例外。学习者需要对日语的基础知识具有深刻的理解，同时也要具有充足的语言知识储备，这样才能培养出较强的听、说、读、写能力。单纯地讲授不利于学生对于语言的记忆，讲练结合的授课方式更利于学生日语水平的提升，以练习为主，靠讲解来进行辅助。大量的语言练习可以帮助学生强化对于新知识

的认识和记忆，而练习过少或根本不进行练习则会导致学生无法牢记所学的内容。

如果说基础日语课有近千个课时，那么讲练课则是最常用、最主要的课型。因此研究讲练课、上好讲练课是搞好课堂教学、提高教学质量至关重要的。

讲练课是由讲和练两个部分组成的。就讲来说，在日语语音阶段主要是讲语音知识，进入课文阶段后，主要是讲词汇、句型、语法、课文。就练来说，主要是在听、说、读、写过程中操练语言知识，形成初步的言语技能。根据以上论述，还可把讲练课细分为：语音讲练课、句型讲练课、词汇课文讲练课、语法课文讲练课。

以下为按照五环节法设定的讲练课课程结构，见表4-3。

表4-3 讲练课课堂教学设计

教学环节	具体指导（例示）	时长	累计时长
1.组织教学		2′	2′
2.复习检查		10′	12′
3.提出新材料	演示或讲解新材料：听音会意	10′	22′
	初步运用：仿说、仿作		
4.反复操练	句型操练	20′	42′
	复用练习		
	活动练习		
5.布置作业	本节课小结	3′	45′
	家庭作业		

（四）练习课课堂教学过程

练习课也叫发展口笔语能力的课，是在讲练课的基础上培养学生应用和活用语言材料的能力。练习课多半安排在讲练课之后，没有进行新课的环节，其任务是通过口笔语练习，复习巩固、整理学习过的新语言材料，并进一步提高学生的外语技能，培养语言习惯。练习课上得好，取决于练习是否得法，因此教师必须根据练习课的目的，按教学法的要求，组织好练习。

教师可以根据遗忘规律，结合学生书本中所学的内容和讲练课的学习情况，进行练习课语言巩固材料的编写，帮助学生有计划地完成既往学习知识的强化。练习课上，可以根据遗忘规律对单词进行反复的练习巩固，也可以将之前已经学习过的语言材料系统地加入练习课之中。

练习课的练习是讲练课练习的继续和进一步的发展。虽然存在部分形式上的重合，但是前者对于数量和质量有着更高的要求，需要学生对于所学的内容，练习时更加熟练。其形式是多种多样的，要听、说、读、写兼顾，以口语为主，家庭作业则以笔头为主。对于系统性的要求也更加严格：语言练习和课文巩固在先，言语练习和脱离课文在后。因此，除了对于课本内容的朗读、复述以及问题的解答之外，还需要进一步进行课本之外的交际训练。

练习课的主要内容是对已经学习的知识进行练习，但是如果发现学生对之前所学内容的理解并不是完全正确时，是可以对相关内容进行补充讲解的。这时可以采取讲练结合的方式，进行进一步强化。练习课课堂教学设计见表4-4。

表4-4　练习课课堂教学设计

教学环节	具体指导（例示）	时长	累计时长
1.组织教学		2′	2′
2.反复操练	朗读课文	40′	42′
	换说、扩展句型		
	背诵课文		
	就课文进行回答练习		
	复述课文		
	情景对话叙述		
	听与所学课文相近的文章		
3.布置家庭作业	做巩固词汇、句型、语法点的书面练习	3′	45′
	改写课文		
	读与本课文难易程度相近的文章		

（五）复习课课堂教学过程

讲过几篇课文后，或配合期中、期末考试，可安排一两次复习课。复习课的任务包括：第一，把以前学过的语言知识加以系统整理，帮助记忆；第二，巩固和提高口头笔头能力。复习课的内容包括复习语法、词汇和课文。教学进行一个阶段后，学生学习了很多语法知识和大量词汇，难免产生遗忘和混淆。为了巩固记忆，区分易混淆的语言知识，语法、词汇复习课是必要的。教师可以采用引导学生进行练习的方式来代替重复的讲解，深化已经教授过的语言知识在学生脑海中的印象。例如，将已经学习过的单词进行分类、归纳、整理，或从已经学过的课文出发，进行知识点综合后，转化为语言练习等，而不是采用枯燥的背诵方式。比如学习了有关日本礼仪的课文后，让学生用日语向其他同学介绍登门拜访时应该怎样做、初次见面如何递名片等。

复习是一个练习与知识系统化的过程。因此，复习课与练习课是相似又存在区别的，二者都以练习为主要形式，但复习还需要将知识进一步地加工和整理。教师可以根据学习内容编写出相应的复习资料，来让学生进行学习。复习课绝不是单纯重复过去学的语言知识，而是在复习中进一步提高运用日语的技能，因此在复习课上也要做练习，如教师用学生已学过的语言材料改写文章，指导学生对此进行听力、回答、对话、叙述等练习。

语法、词汇复习课的课堂教学设计见表 4-5，课文复习课的课堂教学设计见表 4-6。

表 5-4 语法、词汇复习课的课堂教学设计

教学环节	具体指导（例示）	时长	累计时长
1. 组织教学		2′	2′
2. 复习与操练语法、句型、词汇	学生做语法、词汇练习	40′	42′
	在练习基础上归纳语法、词汇，使之系统化		
	语法、词汇的综合性练习		
3. 布置家庭作业	笔头的语法、词汇练习	2′	44′
	课外阅读，通过读新编课文巩固过去学过的语法、句型、词汇材料		

表 4-6 课文复习课的课堂教学设计

教学环节	具体指导（例示）	时长	累计时长
1. 组织教学		2′	2′
2. 复习与操练	听教师新课文的录音。第一遍听大意，第二遍边听边仿读	40′	42′
	就新编课文进行回答与复述练习		
	就课文内容进行评论		
	情景对话		
3. 布置家庭作业	记述课文	3′	45′
	作文		

第三节 日语课堂教学评价

日语课堂教学评价，就是以日语教学思想为理论指导，根据日语教学的目标，利用科学的、可行的方法和技术，对日语教学活动及其效果给予价值上的判断和评价。

一、日语课堂教学评价的类型划分

（一）依据课堂教学活动作用进行划分

依据课堂教学评价在教学活动中的具体作用，可以把教学评价分为诊断性评价、形成性评价和终结性评价。

（1）诊断性评价。诊断性评价，是在教学前对学生的知识掌握情况的评价。通过诊断性评价能够掌握学生的知识水平、能力水平和意志程度等，了解以往学生学习困难的主要原因。通过诊断性评价，教师可以对症下药，有针对性地调整教学方案，帮助学生排除学习障碍，促进学习的进步。诊断性评价的结论可为后期制定教学计划作参考，为有的放矢地进行教学提供了有力的根据。教师进行的教学摸底测验就属这类教学评价。

（2）形成性评价。形成性评价是在教学过程中对学生学习情况进行的评价。形成性评价主要通过对教学过程的了解和教学单元存在的问题分析，来获取学习情况的反馈信息。它能够及时地为教师提供有关教学活动的反馈信息，使教师掌握正在进行的教学活动中存在的各项问题，并以此为依据寻找解决问题的方法，提高学生的学习效果，不断改进教学，从而提高教学效率。如随堂进行的教学反馈评价、一个教学单元完成后的考核等都属这类教学评价。

（3）终结性评价。终结性评价是在完成教学活动后对学生学习做的总结性的评价。终结性评价能够对某一阶段内学生学习的总体情况进行分析，对教学效果进行总结，从而区别出优劣，分别出等级。终结性评价具有对学生学习等级的甄别功能和学生达到教学目标的鉴定功能。期末考试、中学考试、高中考试都属于这类教学评价。

（二）依据课堂教学评价标准进行划分

依据课堂教学评价标准进行分类，可以把教学评价分为相对性评价和决定性评价及个体内差异评价。

（1）相对性评价。相对性评价是在评价对象群体之内进行的一种相对标准的评价。相对性评价以评价对象群体的整体水平或平均水平为参照评价系数，由评价对象的集体学习情况确定评价标准，并以这个标准为主，对群体中的每一个成员进行分析，确定其在群体中所处的位置。相对性评价局限在群体之内，某一个群体成员所处的位置是相对于整个群体而言的。换言之，当这个群体成员脱离该群体时，之前所处的位置已经不再具有意义，在其他群体中可能处在任何位置上。因为学生的名次是相对于这个评价群体的，反映的是某个学生在其所在集体中的相对水平。这种教学评价形式，往往被利用于选拔人员和通过排名了解一定范围内学生的学习差异情况。

（2）决定性评价。决定性评价是在评价对象群体之外进行的一种相对标准的评价。决定性评价以一定客观的、标准化的评价准则为依据对学生进行评价。它不受评价对象群体整体水平的影响，所得出的评价结果是绝对的，只与评价对象自身的学习水平有关，而与群体或群体之外的其他因素无关。运用这种评价方式所获得的学生学习的评价结果，不受其他学生学习结果的影响，置于其他群体内仍处于原有位置。

（3）个体内差异评价。个体内差异评价是在被评价对象个体内部进行的评价。个体内差异评价通过对单一个体的过去与现在进行比较，或对个体某几种方面进行比较，以个体自身发展状况为参照系数得出结论。这种教学评价形式具有明显的个体目的性，不存在学生之间的对比。运用这种评价方式进行评价，能够把学生过去的学习情况和现在的学习情况进行对比，从而判断出其学习是否进步。还能够通过对个体多个方面的比较，找到其长处和存在的潜力。另外，补充弱项提供这种教学评价方式可以动态地考察学生的发展变化情况。

二、日语课堂教学评价的重要指标

（1）教育者评价指标。对教育者的评价内容主要包括教育者的知识能力、教学能力、职业素养、教学效果等，主要考查他们履行岗位职责的情况以及创造性地实施日语教学的情况，看其在日常授课中能否针对学生的实际学习情况对日语教学内容进行改革，对日语教学方法进行创新，对日语教学手段进行完善等，以切实把理论教学与实践活动联系起来，实现学生视听说写能力的全面发展。

（2）教学过程评价指标。对日语教学过程的评估，主要围绕日语教学的实施开展情况作四方面的评价：一是对高校日语教学的计划方案进行考查。对规划、计划制订的科学性和可行性作出评估；二是对教学内容进行评估。同时，要把学生开展的社会实践活动、校园文化活动、校园网建设和校园网在进行日语教学中发挥的作用纳入考查范围里；三是对实施过程的评估。主要考查实施过程中工作进程与受教育者日语掌握情况的发展变化是否吻合，各个环节所采取的教育方案是否具有科学性和实用性；时间运筹、空间布局、人力投放是否合理等；四是对工作方法的评估。主要考查工作方法是否达到了预期的教学效果，在工作过程中是否坚持了以人为本，贴近实际的教育理念，所采取的方式方法是否被教育者接受等。

（3）教学环境评价指标。对教育环境的评价主要包括对学校环境的评价和社会环境的评价两个方面。学校环境主要指学校高度重视日语教学活动所采取的一系列组织、管理、监督等方面的措施，通过组织开展各项活动推进日语教学。在考查社会环境时，主要考查学校周边的小环境，包括物质、人文环境，看其与学校日语教学的互相作用。

（4）教学效果评价指标。教学效果评价即对学生掌握日语、使用日语的最终情况进行评价，看其是否能熟练运用到生活中去。

三、日语课堂教学评价的实施

（一）日语课堂教学评价的实施步骤

1. 评价的准备阶段

准备阶段是评价工作在实施前的预备阶段，其任务主要是根据评价的目的成立评价组织，准备评价的有关材料，深入细致地做好宣传发动工作，从而保证评价目的的实现。

（1）组织准备。根据不同的评价对象，成立相应的评价组织，即评价委员会或评价小组，由有关人员组成，成员组成应具有不同层次的代表性，以利于评价客观、公正。

（2）材料准备。主要包括评价文件、评价指标体系与标准、调查提纲、座谈提纲、被评单位的汇报提纲，设计各种调查表、评分表、评议表、统计表等。

2. 评价的实施阶段

实施阶段是指实际开展评价活动的阶段，主要包括自我评价、评价组织的评价等。

（1）自我评价。自我评价是指评价对象预先根据评价的目的、内容和要求，复制、汇集各种文件、资料，进行自我评价，写出自评报告。开展自我评价使评价对象对本身进行一次全面检查，总结经验，找出存在的问题，有利于改进工作。

（2）评价组织评价。评价组织评价就是评价委员会或评价小组对评价对象进行一次全面的评价，评价组织的评价结论具有可靠性和权威性。

3. 评价的总结阶段

对评价的总结是评价工作的最后一项工作，评价总结完毕就说明评价已告一段落。总结是将评价情况进行分析处理，对成绩充分肯定，对存在的问题应明确指出，并形成文字材料存档备用，以便使评价对象再接再厉，发扬优点，克服缺点，把今后的日语教学开展得更好。完整的评价总结包括分析评价结果、反馈评价结果、撰写评价报告三项步骤。

为了得到正确的评价结果，首先要根据评价的实际情况，分析预先制定的评价指标体系和评价标准的准确性和可靠性。根据评价过程中收集到的有关信息资料对评价指标和评价标准进行修正和完善是完全必要的；其次要分析评价调查表的可靠性，剔除那些明显不符合要求的随意乱填的各种调查表。在可靠性分析的基础上要综合各种评价的情况，得出评价结论，并对评价结论的主要内容进行对照分析。

（二）日语课堂教师评价的实施

教师在日语教学过程中对学生实施评价主要有三个途径：第一是课堂教学中的评价；第二是课外作业评价；第三是各阶段测试。

1. 教师实施评价的原则

我国教育改革现阶段主要是课程改革和评价改革。在《基础课程改革纲要》中提到"新课程评价的价值取向：以学生发展为本，培养创新精神和实践能力"这个观点具体表现为："改变以往教学中过分注重知识传授的倾向，强调使学生形成积极主动的学习态度；改变课程结构过分强调学科本位、科目过多和缺乏整合的现状；改变课程内容'繁、难、偏、旧'和过于注重书本知识的现状；改变课程实施过于强调接受性学习、死记硬背、机械训练的学习，倡导学生主动参与、乐于研究，培养学生获取新知识的能力……""以学生发展为本"是新课程评价的基准，也是评价改革的价值取向。作为高等教育的日语教育工作者、学生学习的指导者和评价者之一（注：另一个评价者应该是学生自己）的教师，也要以发展的眼光评价学生学习。

2. 以培养高素质人才为目的

现阶段教师通过考试对学生进行评价。考试就是为了分别和选拔人才，但是，这一特征使得考试与其本来的意义背道而驰，演变成了应试教育和英才教育等，偏离了正常的轨道。许多国家针对教育和学习进行了立法。在日本，教师更注重于学生个性化的培养，他们对于 20 世纪的教育模式进行了变革，将目标锁定为提高学生的个性和创造力，并且能够顺应时代的潮流，跟得上时代的变化。我国也意识到应试教育问题的严重性，出台了《中国教育改革和发展纲要》。新的教育方案认为，教师的教学过程应当全面贯彻教育方针，将学生培养得跟得上时代的潮流，更加现代化，并且能够与中国未来的人才需求相接轨，培养全面发展型的人才，提高学生的综合素质。因此，教育培养根本就是素质的培养。在进行日语教学的时候，应当因材施教，发现学生的特长，在考察分数的同时，考查学生的综合素质。

3. 明确评价者与被评价者的和谐关系

在教学评价之前，应当保持教师与学生之间的和谐关系。大学生已经成人，在心理和生理方面都比较成熟，大部分大学生已经拥有了自己的学习方法，并且有了一定的人际交往经验。大学生是最有个性的群体，拥有个性化的认知。由于中国的中小学都开设了英语课程，虽然对日语的教育微乎其微，但学生已经拥有了一定的语言知识学习经验和跨文化交际的思想，这有利于接下来的日语学习，并起到一种推动作用。因此，在日语教学当中，应当保持学生的个性和个体学习意识，教师不应当掌握对学生学习的控制权，应当让学生主动学习，主动了解，自我全身心地投入日语学习环境当中。

教师在对学生的教育过程中，起到的是主导作用，但是，一定不可以忽视学生的主观能动性。因为教师在督导学生学习的过程当中，需要培养学生对学习的主动性，让学生能够慢慢地自主学习，渐渐得以脱离老师的指导，实现自我的人生价值。因此，师生关系应当是和谐的，在这一关系中，教师主导教学，培养学生的自主性；学生积极学习，发挥自我的主观能动性。教师不再控制学生，应当因材施教，发现学生的个人特色，帮助学生，从而得到学生的尊重。师生平等的民主关系，更能达到教育的目的。

四、日语课堂教学评价标准的多元化

多元智能理论认为评价多元智能的方法必须符合以下三个标准：

标准一：必须是"智能展示"的评价方法，不是通过语言和逻辑数学能力的间接表现来判断，通过系列评价提出建议，发现学生擅长的领域。

标准二：必须有发展的眼光，根据学生的不同发展阶段提出发展方案。

标准三：必须和推荐相关联。多元智能所主张的教育评价应该是多渠道、采用多种形式、在多种不同的实际生活和学习情景下进行的。

评价的过程应该是向学生提出建议，使学生根据教师所提供的信息加强弱项，结合强项满足学习的需要。通过这一理论可以得知，不能单单靠学科的分数来评判一个学生的优秀与否，大学生是富有个性的群体，人与人之间也有所差异，因此应当开放平等地看待学生。后现代主义教育思想也是如此，也强调让学生综合发展，学习多种学科，不局限于一种学习内容。学习不仅仅是为了积累知识，也是为了实践和创造，学生个体的差异性决定了不能用统一的标准来衡量学生。对学生现阶段的评价，应当综合过程和结果，同时也要对下一步行动作出预判。

五、日语课堂教学评价的误区

评价学生是教师在课堂教学和课下与学生交流时的一项经常性工作，包括学习评价、测验评价、人格评价、学习态度评价等。分析教师在实施评价中自觉或不自觉出现的误区，其目的是为教育实践活动提出警示。

（1）会话练习中打断学生的日语表述，纠正语法或词汇错误。（认为语法功能重于语言的交际功能）

（2）为完成教学任务，赶进度讲完教学内容。（认为学习好坏与信息量成正比）

（3）对学习成绩较好或较差的学生有较多的关注。（以分数评价学生的优劣）

（4）对学生课堂教学以外的学习内容的指导缺乏足够的耐心。（认为对教材的学习才是学习）

（5）课堂教学的设计对问题的关注过细，对思维的容量考虑过少。（认为对知识的传授就是教学）

（6）课堂训练上以记忆为目标的训练过多，让学生形成以记忆代替思维的习惯。（认为机械记忆是提高日语水平的有效方法）

（7）教师认为分数是评判学生的唯一标准。（对人才评价标准单一）

（8）教师认为学生对教师应该怀有敬畏心理，严格按教师的要求去做。（知识本位主义，给学生带来心理压力）

（9）教师、学生的共同的奋斗目标是尽可能多地掌握知识。（大学成为"知识加工厂"，学生成为"知识容器"）

（10）期待学生对提问的回答与教师保持一致。（评价标准片面）

这些对学生的评价有很大的错误。这种应试教育教育出来的人才，不富有应变能力，同时缺乏创造力，只会考试，不会实践，更没有自主学习的能力，不会自我发展。在21世纪，教育应当面向世界，面向未来，因此，培养学生的自主学习能力和个性化学习势在必行，让学生综合发展，提高自我各方面的素质，这样创造出来的人才才是富有色彩的。因此，必须对教育进行改革。

六、日语课堂教学评价的策略

教师应当评价学生的学习成果，应当将学生的优点及缺点综合起来进行评价，这样能够激发学生的动力，并且让学生相信，努力可以获得进步，从而更加努力地投入学习当中。教师对学生的评价，也应当综合学生的自我评价和其他教师对学生的评价而下结论；然而，在教师的教学过程当中，对学生的评价往往是突发的，甚至是不经过大脑的，是老师表达教学情感的一种方式。为了使教学评价更加科学，应当注意以下三点：

（一）课堂教学评价技巧

（1）创造平等自主的课堂氛围，减少学生的学习焦虑，使学生不会担心因为出错而受到批评。

（2）给学生创造挑战困难的机会，激发学习积极性，使评价内容更具体。

（3）让学生也了解教学目标、内容、评价的基准等，明确努力的方向。

（4）灵活运用课堂竞赛、小组讨论等教学手段，激发学生的参与意识，为学生获得多渠道评价结论，为同学评价等创造条件。

（5）评价语言要针对事实，不要含混不清。例如："这篇课文朗读时有几处断句失误，应该读成……"的评价就比"读得不好，要认真练习"更有效。

（6）多进行集体性评价，一来保护个别学生的自尊心，还可以为其他学生的学习提出警示。

（7）注重课堂上与学生之间的交流，注意学生表情、眼神等的信息反馈，把握学生心理动态，及时作出调整或指示。

（二）课外作业评价技巧

课外作业的评价技巧如下：

（1）经常面批作业，对症答疑。

（2）忽略分数，重视正误，鼓励创新。

（3）对开放式学习持鼓励态度。

（4）对学生研究式学习提供必要指导。

（三）师生交流评价技巧

（1）指导学生正确归因，补拙固益。让学生能够真正理解教师评价的依据和作用。

（2）评价时参考其他人以及学生自我的评价结论，从纵向与横向两方面进行评价。

（3）注重学生自我评价的反馈信息，反省教师作出的评价是否有不完善之处。

第四节　日语课堂教学质量提升

在竞争日趋白热化的今天，以质为本、以质取胜已成为一个核心主题，对于所有高校来说也是同样。教育教学质量是学校的生命线，教育教学质量的提高已成为学校走向成功的关键，培养创新型人才更成为当务之急。对于日语专业的学生来说，他们是否能够成为创新型日语人才，是否能够在竞争大潮中占有一席之地，高校的日语教育教学水准起到了至关重要的作用。

国家一直大力倡导实施"素质教育"，培养"高素质创新型人才"。创新型人才是各大院校在人才培养上是否成功的重要指标之一，教书育人是教师的天职，为社会培养"高素质创新型人才"是每位高校教师的义务，是各大院校的使命和责任。这就要求每位教师必须从提高自身素质做起，不断研究与探索提高教育质量整体水平的方法。

一、提升日语教师自身素质

日语教师自身素质的提升是适应时代需求，迎接日语教育、教学改革挑战的首要条件。只有创新型日语教师才能培养出创新型日语人才，因此急迫要求高校日语教师具有创新性的日语教育教学理念和完善的日语知识能力结构。

（一）具备创新性的日语教学理念

教师可以分为两类：一类是用自己的教学方法去筛选自己认为符合并适合该教学方法的学生，这些学生被该教师划分，筛出了一部分不适合自己教学方法的学生，于是产生了该类教师心中的不合格生、差生；而另一类教师则是将所有学生的特性、特点进行研究分析，然后去寻求符合并适合学生的教学方法，从中筛选并剔除一部分不符合、不适合自己学生的教学方法，进而不断改进教学方法，做到因材施教，培养学生的同时提高自己。教师要肯于蹲下身来，从学生的角度看学生的所思所见所想，肯与学生交流，力求探索每位学生心灵深处的奥秘，挖掘每位学生独特的闪光点，使其发光发亮。

具备正确的教育教学理念，是为人师的基本，而创新性的教育教学理念对教师来说无疑是一个更高的挑战。创新性日语教育教学理念的树立是为了要培养出具有创新意识、创新精神和创新能力的日语人才。当代日语教育已不允许教师停留在单纯的照本宣科的教学，日语教师的真正价值体现在是否能够培养激发学生的学习日语自主性，激发学生的日语求知欲望上。必须改变以教师为中心的教学模式，转变为一切以学生为中心的教学模式，坚持"学生中心论"这个理念。

现代经济社会是以现代科学技术为主要支撑点，所谓的现代科学技术本身就是一种创新，是以创新型综合性人才为支撑点的。这就要求日语教师需以知识和技能的传授为载体，依据日语专业学生的专业特点和个性特征，培养日语专业学生的综合素质和实践应用能力，并根据日语专业学生的个性差异设计多元的评价体系，为日语专业学生的成才和成长创造更好的育人环境，不断地提高高等院校的教学教育质量。教师认真倾听学生的心声和观点已成为日常教学中的关键，通过启发教育，潜移默化地将学生各自鲜明的个性导向正确的方向是教学工作的重要环节。

高校教师需积极营造充满生机活力的课堂教学运行体系，将课堂变成师生互动的场所，激励学生迸发创造的热情，令学生主动地将自己的思考、灵感及兴致投入课堂活动中去，使课堂教学变成一个呈现出丰富性、知识性和趣味性的舞台。所谓的创新性不是凭空想出来的，国外不乏众多先进的教育理念，这些都可以成为学习的捷径，取人之长为己用，并在日语教学实践中不断改进，逐步探索出一套自流派的创新性日语教育理念，培养出大量创新型日语人才。

（二）具备完善的日语知识能力结构

日语知识能力结构可以理解为日语知识结构和日语能力结构的综合。高素质教师知识的能力结构是对当代高校教师的高要求、高标准。"满腹经纶"作为一个褒义词如用在教师身上，则是对该教师的学问和才能的认同，但教师更重要的使命是"传道、授业、解惑"。日语教师不仅要具有丰富的专业知识、科研知识，还需具备其他与日语教育相关联的理论知识和实践知识以及从事日语教育活动所必须具备的各项业务能力。这其中不仅包括富有表现力和说服力的言语能力、能够根据学生的不同情况或意外情况随机应变的应对能力和因材施教的能力等。在当今国际化、信息化的社会中，高校日语教师还需要具有信息技术能力和其他能力，并且必须树立积极向上的终身学习观，来随时应对未来社会对教师的需求。

同时，高校日语教师更要将这一理念言传身教地传授给学生，培养日语专业学生终身学习的理念和习惯，为他们日后走向社会打下扎实的基础。日语教师的综合能力的提高直接影响日语专业学生的成长，日语教师的能力结构是培养创新日语人才的关键，这一简单的道理不言而喻，需要全体日语教师共同努力。

各大高校为提高日语专业学生的就业能力，大力鼓励学生参与社团活动，意在提高日语专业学生的实践水平。对学生尚且如此要求，又何况是教书育人的日语教师呢？随着素质教育观念的提出，"实践能力"日益成为高校教育研究中的又一热点话题。日语教师的知识结构不是单靠自身的学习和刻苦就可以达到完善的，而是要借助实践活动这一载体进行的。日语知识能力结构的完善与综合素质的提高皆源自实践活动，同时体现出实践能力水平。因此高校日语教师应尽可能多地积极参与社会和企业组织的各项实践活动。在直接获得宝贵实践经验的同时，借助各种媒体间接汲取广泛经验。通过开拓视野和培养自身的前瞻精神，做到及时把握社会最新发展趋势和学科学术动态，提高对创新性命题的敏锐程度。

教师需要通过实地演练、经验收集、技术训练，在实践中通过长期体验、反思、总结、评判、感悟和领会，不断提高自身的素质，逐步将知识能力结构进行合理整合，才能在日语教育教学实践中更好地培养高素质创新型日语人才，才能更好地服务于日语专业学生，协助日语专业学生的身心共同成长。

二、提高日语教学环境整体水平

日语教学环境整体水平的提升是各大高校免于淘汰、赖以生存和发展的基本，也是高校培养创新型人才的核心，是教育教学的生命线。

（一）培养高质量日语教学团队

高质量日语教学团队的培养是搞好日语教育教学质量的关键，只有优秀的日语教学团队才能教出优秀的学生，才能培养出创新型日语人才。高质量日语教学团队要求每位日语教师都要有前沿的教育理念、丰富的文化知识、熟练的教学能力以及积极进取、不断探索和无私奉献的精神，日语教师们齐心协力的奉献才能创造出优异的日语教育教学成果。日语教学团队中，专业带头人起到举足轻重的作用。它要求日语专业带头人必须具有一定的学术造诣和创新性学术思想，具备组织管理和领导才能，善于整合与利用社会资源，有效地管理教学团队，使其成为具有强大凝聚力和创造力的团队。高质量日语教学团队的形成，要求全体日语教师在专业带头人的带领下，及时跟踪产业发展趋势和行业动态，准确把握专业建设与教学改革方向，不断改进和完善改革教学内容和方法，提高自身的日语教学水平和素质能力，实现日语团队的可持续发展。

从校方来看，要培养一支优质的日语教师团队，需要创造一个良好的育人环境，提供日语教师走出去学习的机会，积极鼓励日语教师继续深造和学习。不断开阔视野，将所学日语知识结合本校实际，有针对性地开展日语教育教学研讨，集思广益，共同探索日语教育教学新方法。这样不仅可以达到提高日语教师的教学能力的目的，还可以借此增强日语教师之间的情感交流，提高日语教学团队的凝聚力。一个个和谐、奋进、有朝气的日语教学团队的形成，才能保证该校的各项工作朝气蓬勃地开展，培养一大批朝气蓬勃、积极向上的优秀创新型日语人才。

（二）营造良好的日语学习环境

学习环境对人的言行具有强烈的暗示作用，可起到引导行为的内涵和方向的导向作用。各国在纷纷采取措施加强对高等教育质量控制时，深刻地意识到学习环境对学生发展和成长产生着重要影响，而社会环境同样能对学习环境产生重要影响。为此，各国提出了利用对学校学习环境评估来控制教学教育质量的众多举措。可见当今众多不良的社会环境对学生学习造成了不良影响的同时，也直接影响了教育教学质量的提高。因此，为日语专业学生营造一个良好的学习环境是日语教育教学质量提高的保证。

高校不仅是一个社会文化的传播者，同时更是一个社会文明的传播中心，是培养创新型日语人才的坚实基地。从校方来说，应该强烈阻挡和制止社会的各种不良影响现象，首先要从学校内部入手，及时准确地做好学生的思想教育工作，加强对学生的管理和控制，增强学生判断是非和自我控制的能力。

同时，学校要为学生营造一个良好的学习环境，将学生的兴趣和爱好放在学习上。学校可根据自身情况努力构建和谐校园文化，搭建互联网和远程教育网，选择适合本校实际的优质教育资源，建立校园网，建立网络教室，给教师和学生探寻学习资料提供广阔的空间，创建学习和借鉴优质教学资源的平台。通过各式平台拓宽师生视野，拓展师生思维，增强师生的创新能力，提高学生的学习自主权和灵活性，为教学优化注入新活力。学院通过行之有效的教育管理方法，增强全校师生的和谐校园文化的自觉意识。一个良好的学习环境，一个和谐的校园文化，可以激发校园内每位学生潜能的发挥、特长的展现，使其个性得到全面和谐的发展，有助于培养具有鲜活个性的多样化、应用型人才。

（三）社会与家长的支持

作为教育的三大支柱的家庭教育、社会教育和学校教育应相辅相成，互相配合、互相辅助、缺一不可。家长是学生的第一任教师，家庭教育是学校教育的重要补充部分，也是学生身心健康发展的重要因素。随着高校素质教育的不断深入发展，校方应有效地利用社会和家长作为进行教育指导和服务的载体，寻求社会和家长的大力配合，使其成为沟通学校教育、家庭教育、社会教育的重要渠道，为提高教育质量发挥功效。

为做好学校、社会、家长三方的友好配合，学校必须加大力度致力于处理好与社会、家长的关系。学校有必要对每位学生的家庭背景有所了解，做到有的放矢地关心学生身心健康，及时与家长进行交流。要让家长认识到子女接受高等教育的重要性，主动协助学校进行有意义的健康教育。为了让家长更好地、及时地了解学生在校的学习状况、心理状况、行为表现，各小学经常举办的"家长开放日"活动无疑是个好办法。但不是所有院校都能像小学一样实施此项活动，众多客观条件的约束使该项活动无法统一进行，那么各大院校是否可以将每一个教学日都定为"开放日"，向家长和社会打开欢迎的大门，欢迎家长和社会各界随时参观和监督，让他们及时地了解学生在校的实际状况，争取家长和社会各界的积极配合。这种开放性政策有利于拉近学校、家长、社会的距离，增强家长们对校方的信任度；谦虚听取家长们和来自社会各方的建议，致力于优质资源的选用。

教育教学堪称一门艺术，教师和家长的良好合作有利于培养学生良好的学习和生活习惯，帮助学生发展成长。同样，教师在解决和帮助各类困难学生的实践中，也提高了教师的教育教学水平。教师、家长、社会三方之间应协力架起信任、友爱的桥梁，共同努力创建一个民主平等、公平合理、和谐互爱的互帮互助关系，共同探讨和研究培养应用型人才的良方，只有这样，教学环境整体水平才会得到大幅度的提升。

第五章 跨文化交际视角下的日语教学与能力培养

第一节 中日跨文化交际及其语言表达

跨文化交际指本族语者与非本族语者之间的交际，也指任何在语言和文化背景方面有差异的人们之间的交际。简单而言，跨文化交际就是在特定的交际情境中，具有不同的文化背景的交际者使用同一种语言进行交际的过程。从这一概念的界定看来，它要求交际双方必须来自不同的文化背景，交际双方必须使用同一种语言交际。20 世纪 60 年代末 70 年代初，交际能力包括掌握语言形式规则和掌握语言使用的社会规则。通俗而言，就是在合适的交际情境下讲合适的话，并恰当把握交际语言的语法性、适合性、得体性和实际操作性，其中适合性和得体性的实质就是语言使用者的跨文化交际能力。

跨文化交际作为人类的一种社会活动由来已久。人类从远古时代就开始了跨文化的交流，但是在过去漫长的历史中，大多数人生活在有限的空间内，跨文化交流并不是普遍的现象，人类频繁而大规模地进行跨文化的交流是最近数十年事情，特别是 21 世纪以来，跨文化交际更成为人们生活中不可或缺的一部分。

一、跨文化交际的划分与特性

（一）跨文化交际的划分

来自不同文化结构体系的人们之间的交际都属于跨文化交际。但根据不同的标准和要求，跨文化交际的分类也不同。

第一，按照跨文化交际范畴的不同划分。按照跨文化交际范畴的不同可以分为"宏观跨文化交际"和"微观跨文化交际"两种。宏观跨文化交际指国际性的跨文化交际，即跨国界的观念、习俗不同的民族、种族之间的交际。例如，中国人与日本人之间的交际。微观跨文化交际指同一国家内来自不同文化圈的人们之间的交际，包括同一国家内来自习俗不同的民族、种族、地域的人们之间的交际。例如，同在中国的汉族人与回族人之间的交际。

第二，根据交际群体的不同划分。根据交际群体的不同可以分为"文化圈内的交际"

和"文化圈际的交际"。文化圈内的交际是指同一主流文化内不同个体之间的交际。例如，同属阿拉伯文化圈的不同国家的个体之间或者同一国家不同地域之间个体的交际。文化圈际的交际是指不同主流文化的个体之间的交际。又如，分属阿拉伯文化圈和非洲黑人文化圈或者欧洲文化圈的个体之间的交际。来自不同文化圈的个体因文化差异而导致交际的表达方式、表达含义存在差别。

（二）跨文化交际的特性

跨文化交际主要是不同文化背景的人们面对面的交流，跨文化交际过程中往往表现出以下特性：

1. 差异性

跨文化交际是不同文化背景的人们之间的交往，因此涉及了许多差异性。跨文化交际的特点之一就是差异性。跨文化交际涉及了深层文化，如文化传统、价值观、信仰、态度等方面的差异，也涉及行为方式和习俗方面，如手势、衣着、语言使用的差异。另外，跨文化交际还涉及个人文化身份和社会角色方面的差异，如性别、年龄、职业、地域等方面的不同，这些存在差异的因素相互作用，影响了跨文化交流的过程和结果。

2. 冲突性

由于语言、交际风格、非语言行为、思维模式、社会准则、价值观等方面的差异，跨文化交际很容易产生误解。差异性是导致跨文化交际出现冲突的主要原因。虽然跨文化交际充满了冲突性，但是许多冲突往往不是出于人们恶意的动机，而是源于人们良好的愿望。在自己文化中得体而礼貌的行为到了另一种文化中却成了无礼的举动，善良的意图却产生了意想不到的误解和不愉快。跨文化交际中的大多数误解和冲突都属于"善意的冲突"，而不是人们有意地伤害别人。

3. 情感性

跨文化交际是一种很容易造成心理紧张的活动，常常引起情感上的强烈反应。人们经常提到的"文化休克"就是形容在跨文化交际中产生的心理反应。由于跨文化交际是不同文化背景的人们之间的交际，交际的过程和结果都充满了模糊性和不确定性，而这种模糊性和不确定性容易使人产生心理上的焦虑。

4. 必然性

（1）跨文化交际顺应交通与通信技术的发展。交通和通信技术的飞速发展，使跨文化交际成为现实，科技的进步使人们的交往方式产生了极大的改变。当前，越来越发达的交通工具和快速发展的通信技术缩短了人与人之间在时间和空间上的距离。乘坐飞机、火车等交通工具前往各个国家和地区成为十分常见的事情，人们与不同地区、不同文化背景的人进行接触与交流的机会增加。而互联网等通信技术的发展，更是将世界上发生的所有事情几乎同步地传递到每个角落，人们在家里就可以知晓国际新闻，可以了解不同文化背景下人们的生活方式。可见，科技的发展已经使跨文化交际进入人们的日常生活中，因此，如何更好、更有效地进行跨文化交际就成为人们普遍面对的问题。

（2）跨文化交际促进国际间的文化交流。当前国际的文化交流日益频繁，更多的人开始前往其他国家留学、旅行或从事多种形式的文化交流活动。以中国语言和文化为例，中国学生出国留学、汉语教师到海外任教、外国学生来中国学习语言文化，这些都属于国际文化交流，这些文化旅居者并不以移民或融入当地主流文化为目的前往其他国家，但他们要在一定程度上适应新的环境，要能够与当地人建立良好的沟通环境及人际关系，由于面对着不同的语言和文化，他们在全新的环境中往往会产生不适，感觉到交际上的障碍。因此，怎样缩短适应新环境的时间，快速提升跨文化交际能力，就成为旅居者们面临的重要问题。由此可见，要想进行日语教学理论与实践的研究有必要了解跨文化交际。

（3）跨文化交际的发展与经济全球化也有着十分密切的关系。全球经济互相关联、互相依存，这是经济全球化最主要的特征，每个国家在经济发展方面都对国际大环境和国际合作产生越来越大的依赖性。一些跨国公司、国际合作项目遍布世界各地，这使得不同文化背景下的人们在日常工作中就形成了跨文化交流行为。员工们会通过学习与具有不同文化背景的领导、同事、客户等进行更加有效的交流，从而提升工作效率。同时，公司也应该对具有不同文化背景客户的需求进行充分了解，并展开有针对性的商业服务。可见，全球化的经济活动促进了跨文化交际的深入和广泛发展。

5. 挑战与收获性

跨文化交际是一种挑战。因为跨文化交际中充满了误解甚至是失败，所以成功的跨文化交际不是一件容易的事情。但是跨文化交际又是一种能给人带来深刻变化的活动。跨文化交际的经历使人们具有更开阔的视野、更丰富的阅历、更成熟的性格、更复杂的思维、更宽容的态度。跨文化交际经历会给人生带来积极的影响，不仅使他们变得更加独立，具备更强的适应能力和交往能力，更重要的是使他们更深刻地感受到世界上存在着不同的人生方式，并且学会理解和欣赏这种文化的差异。

二、中日跨文化交际的语言表达方式

中日两国交流历史源远流长，日本人的许多风俗习惯都可以从中国找到根，但两国毕竟有着不同的文化背景，其文化习俗也有很大出入。例如，日本人在婚礼上是不能说「去る」、「切る」、「帰る」、「終わる」这些词的，因为这几个词分别是"离开""断绝""回去""结束"之义。婚礼结束时，不说「これで終わります」，而说「これからお開きいたします」，取「開く」这个词的"开始"之义，以讨吉利。因此，在和日本人交际中，我们应该多了解并尊重日本的文化习俗，使语言表达更符合其文化内涵。也只有这样，才能获得对方的理解和尊重，避免交际中可能出现尴尬场面。

（一）中日跨文化交际语言表达方式的待遇性

在任何社会中，都存在人与人之间的地位差异，这种差异反映到说话人、听话人和话题上，就构成了尊敬、谦卑、高傲、亲近、疏远等语言表达形式，统称为"待遇表现"。日语是一种"待遇表现"极其丰富的语言，这使日语在叙述同一件事情时会有几种不同表达方式。如"这是椅子"这句话用日语来表达就有五种表达方式：①これは椅子よ；②これは椅子だ；③これは椅子です；④これは椅子である；⑤これは椅子でございます。

这5个句子，表达的虽是一个意思，但之间却各有情感上的差异。如例，例句①使用了终助词「よ」，起加强语气的作用，常用于上级对下级的谈话中；例句②是简体句，多用于关系亲密者之间的谈话或书面表达，语气较生硬；例句③用敬体判断助动词「です」结句，是相互敬重的表达方式，既适用于对尊长也适用于对亲密朋友和晚辈；例句④为文章体，多用于论文等比较正规场合，语气郑重；而例句5中的「でございます」为超敬体的恭谨语，多用于服务业或极其郑重的场合。

可见在日语里，情感上的表达主要是依靠遣词造句来实现的，通过变化语言的形态、结构就能体现出对方在社会地位中的尊贵卑贱。同样情景的一句话，根据说话双方的关系等的不同而采用不同的语言表达方式，发话者的这种心态表达在日语中是不可缺少的，而敬语的运用更是体现了日语的这一大特点，这使日语表达方式更加多样化、复杂化。相比之下，现代汉语中的"这是椅子"却只有这一种表达方式，表达方式简单化。这并不是说汉语在情感的表达上欠丰富，只是所采取的表达形式不同。因为汉语更多的是通过声调的粗硬细软的变化来表达意思与情感的。因此，在和日本人说话时我们要善于捕捉日本人那种微妙的人际关系，根据不同的场合和人际关系，运用最恰当的表现形式来表示对对方的尊敬。

（二）中日跨文化交际语言表达方式的暧昧性

暧昧性表达是日语语言文化的显著特点之一。自古以来，日本是一个单一民族的国家，人们拥有共同的文化背景，彼此之间有着丰富而细腻的感觉，一个细微的眼神、一声语气的变化，甚至是肢体上的一个微小动作就能起到传神达意的作用，这种称之为「以心伝心」的沟通方式使日本人在与人交际中善于体察对方的情感，同时在语言表达上也就委婉、暧昧而不会太直白。其表达形式多样，举例如下：

第一，日本人邀请或请求对方时，往往采用表面上否定的表达方式。例如，请别人再等一下时说：「もう少し待っていただけませんか」；邀请别人一起吃饭时说：「一緒に食事をしませんか」。日本人认为用带否定要素的语言形式发问，比直接发问更加委婉，使对方更乐于接受。而当拒绝别人的邀请时通常会用「ちょっと用事があるので」、「ちょっと体調が悪いので」等理由来拒绝，而不会使用「行きません」、「興味がありません」等这种直截了当的拒绝方式。

第二，日本人不轻易给出明确的判断，在句尾表达上往往含糊不清，或半吞半咽，致使整个语言表达暧昧模糊。常在句尾加上「ではないでしようか」、「ようです」等表达方式，使句子变得温和婉转，有缓和语气的作用。

第三，当不同意别人的观点意见时，日本人不采用肯定的讲话方式，而是尽量避免伤害对方的感情，常采用「確かにおっしゃった通りですが…」、「確かおっしゃったことはごもっともですが…」来提出自己不同的观点，这样就避免了交际中的冲突。

第二节　日语教学中文化导入与文化意识

一、日语教学中的文化导入

（一）日语教学中文化导入的必要性

传统的语言教育往往注重语法基础的学习和训练，例如通过大量的听写、翻译练习来提升语言的掌握，日语教学也不例外，但是就中日之间不断的文化交流而言，仅仅具备语言的表达能力显然是不够的，还要进行文化差异的理解以及文化内涵的学习。伴随中国大学日语教育的发展，人才需求的变化急需日语教学法的改革。在培养学生沟通能力的同时，如何在日语教育中导入日本文化，即如何在教授语言的同时将支撑着日语的日本历史、文学、社会、风俗等内容教授给学生，加深学生对日本的理解、提高学生的人文素养是一个大的课题。

1. 中日文化差异明显

我国汉朝时期就有关于中日文化交流的记载，随着盛唐时期经济文化的高度发展，中日间的文化交流也达到了顶峰。当时，致力于两国文化传播的文人志士为两国的文化交流作出了卓越的贡献，长期的文化交流使得两个国家的文化表现形式具有一定的相似性，但是这并不意味着中国与日本的文化具有同属性，因为文化的产生受多方面的条件影响，如生活方式、地域特点等，所以，中日文化间还是存在着很大的差异性。

（1）中日委婉语差异。具体如下：

1）中日委婉语构成方式。中日委婉语构成方式主要包括以下两个方面：

第一，中日委婉词汇差异：①汉语中有专造的委婉词汇，而日语中专造的委婉词汇不多。在汉语中有着许多专门的委婉词汇，并在特定交流情境下可以使用。日语中也是有这种委婉词汇的，但是，大部分是从汉语词汇中借鉴而来的，即使有一些日语专造的委婉词汇存在，日本人在日常交流中也并不常用。②日语中有词汇借用现象。汉语中也有委婉词汇的借用现象，不过这种现象由来已久，在汉语中早已经固定下来，日语则是一种新的现象，近几年才出现。经过对原词义的转换与扩大，丰富了词汇的表达功能。例如，日语的「寒い」原本的意思是指天气寒冷，但最近引申出了新的含义，当说笑时别人没有什么反应就可以用该词汇描述这一情况。

第二，中日委婉语法差异：①汉语中省略主语，而日语中还可以省略其他成分，甚至整个句子。在汉语与日语中都存在省略主语的现象，但是从产生的委婉效果来看，日语的省略要比汉语多得多，范围也比较广。另外，日语中的委婉拒绝通常不会直接说出自己的意思，从而避免了交流双方的尴尬，这与汉语中的某些委婉表达存在共通之处，但是日语的表达则更为丰富，可以省略的成分也比较多，甚至还能省略一个句子。②日语中有由敬语构成的委婉表达，而现代汉语中却鲜有。古代汉语中有着相对完善的委婉语表达系统，但是从汉语的使用情况来看，古代汉语系统中的委婉语已经不再频繁使用了，口语中很少听到，只在某些特定的场合才继续使用。但日语却不同，它形成了非常严密的敬语语法体系，人们在日常对话中经常使用敬语表达，因此日语看起来非常含蓄、委婉。

2）中日委婉语文化内涵的异同。中日一衣带水，因地缘、人缘等种种因素，两国文化中有太多的相似，这是不争的事实。同源分流的原始信仰和似曾相识的生活习惯，是中日两国文化的同类性。而在漫长的历史演变中，中日两国又衍生出了太多的不同，具体如下：

第一，相同点：①中日委婉语都可以反映一定的禁忌文化心理，只是日语没有汉语反映得那么显著而已，所以通常会在文化内涵中将其省略；②中日两国都是非常有名的"礼仪之邦"，中日文化交流的历史悠久，两种文化在交流过程中对另一方的文化进行了吸收与借鉴，当然日本文化吸收与借鉴了较多的中国文化。正是由于文化上存在的某些相似之处，使汉语与日语也在发展上有着密切的关联性。例如，在委婉语使用层面，中日两国都将儒家学派中"含蓄谦逊"的思想展现得淋漓尽致，在送别人礼物时，都有着"不成敬意"的表达。但是中日文化毕竟从本质上来看是存在显著差异的，因此在委婉语表达上的侧重点也并不相同，汉语侧重"谦"，而日语侧重"和"，但共同的目的都是让语言表达更加委婉、贴切。

第二，不同点。主要不同点在于日本人在精神层面上讲究"以心传心"，因此付诸实践就非常推崇不完美的想法，而中国人在发表对某一事物的看法时习惯直截了当地表达出来。在日本学校课堂上，主动回答问题的学生一直都较少，这就是日本"以心传心"的明证，这种民族精神特质在语言上也有所体现，在表达否定或者拒绝的意思时，汉语一般不会用"是的"来表达，也会有些委婉词汇在这种情况下使用；而在日语中，「はい」却直接就包含了委婉的表达，不需要再进一步的解释。

3）中日委婉语的语用功能对比。具体如下：

第一，美化功能的对比。委婉语通常还具有一定的迷惑性，它用相对"好听"的语言去掩盖事物的不完美，这种情况在日语与汉语中都是存在的，只不过在具体词汇上的表现是不同的。通过委婉语的掩饰可以在很大程度上使不当的行为变得正当化，也同时使做错事的人为自己找到了开脱的理由。日语中存在很多的美化语，它们是具有美化功能的委婉词汇，在汉语中并不存在。通常情况下，这些词汇是没有具体意义的，也无法被翻译出来，只是可以让人的措辞变得更加优美。

第二，礼貌功能的对比。中日委婉语还具有礼貌功能，在具体使用上，日语的表达更加独特一些，且有着比较规范、严谨的表达体系，表达方式也比汉语更为丰富。一般而言，日语比较注重句式的表达，而汉语则比较注重在词汇上强调表达的委婉性。

第三，幽默功能的对比。委婉语通常可以把紧张的对话状态变得轻松、愉悦，这其实是其幽默功能的展现。委婉语可以让语言变得生动，也能营造一种活泼的交谈氛围，它较好地展示了使用委婉语的人的语言智慧，同时也将语言的魅力展露无遗。在日常生活中，语言特别是具有幽默性质的语言能够对生活起到调剂作用，使人们更多地感受到内心智慧和丰富的世界。而日本民族有着执着、认真的个性，因此日本民族往往不如汉民族那样幽默，在日语之中有幽默性质的委婉词汇也非常少见。通过分析和对比中日委婉语所具有的语用功能，可以知道它们都属于文化现象，尽管在表现形式和文化背景上有着不一样的特点，但是它们有着大致相同的语用功能，即用委婉的、使人感到愉悦的话语去表达那些不那么令人愉快的、令人感到恐惧的话语，从而保证言语交际能够顺利地进行下去。

（2）中日谚语差异。民间流传的具有教训或者讽刺作用的能够揭示真理和生活智慧的短语就是谚语。谚语往往是通过人们口口相传的形式存在，因此大部分是朗朗上口且简单易懂的韵语或者短句。谚语和成语有着很大的相似性，但是相对于成语而言，谚语更加口语化并且让人更加容易理解，在形式方面，谚语往往是一两个短句。此外，通过谚语我们能够知道古人的生活和思考方式，可见，谚语是思想和文化的一个重要的"化石"。

1）同形同义的中日谚语。通过研究中日两国的谚语，中日两国有许多谚语都运用了类似的意象或者是词语来表达相似的道理。两国谚语有着大致相同的内涵，且选用了相差无几的词汇，根据史料记载可以知道发生这种情况不是出于偶然，而是历史上中日两国之间进行文化交流的结果。

日本谚语正是源于中国古代的典籍，包括《诗经》《礼记》《孝经》等。中国和日本在地理位置上毗邻，数千年来两国通过船只渡海进行文化方面的深入交流。在唐朝，中日的交流已经十分繁盛，日本将数目庞大的留学僧派遣到中国，学习当时中国的政治制度、儒学、文学、思想和风俗习惯等。作为民间文化和口头文化的谚语也通过这些留学僧逐渐流传到了日本，和日本当地文化融为一体，因此很多现今的日本谚语最初都是从中国传入的。

2）异形同义的中日谚语。很多的中日谚语都是异形同义的。中国有一句古老的谚语——"匹夫不可夺志"，其中的"匹夫"二字具体指的是人；而在日本谚语中有「一寸の虫にも五分の魂」，翻译过来就是即便是一寸的虫子也有五分之精髓，它用虫子有志气来反衬出人也有志气。中国谚语"不打不相识"的意思是两个人通过争斗结识并逐渐发展成了好朋友，它其实具有抽象概括的意味；日本有一句谚语「雨降って地固まる」，意为雨后的大地比以往更加坚固，这一表述更加形象和生动。中国的"美中不足"同日语的「玉に瑕」（玉中所具有的瑕疵）都有不完美的含义。中国有"可望而不可即"，日本则有「高嶺の花」，翻译过来就是高岭上的花，其引申意义就是无法企及。通过上述谚语的对比可见，中国谚语的表达方式更加偏向于抽象性和概念性，日本谚语虽然也表达的是抽象的含义，但其语言多选用形象具体的事物。

中国的谚语"江山易改，本性难移"，意在人的本性极难改变。这句谚语先突出"江山"，先讲明了江山易主的容易，再突出人本性的难改；日语中的「雀百まで踊り忘れず」翻译过来就是即便麻雀长到了一百岁也不会忘了怎样跳舞，将人世的道理通过麻雀表现出来。通过上述分析可见，中国人往往会通过对大事物的比喻来说明小事物的问题，这表明中国人具有扩大、宏观的感情倾向，也就是说中国人具有扩大意识；而日本谚语则习惯用具体的小事物表达宏观的大道理，这无疑是日本人缩小意识的体现。

3）中日谚语中的文化差异。具体如下：

第一，不同的思维方式。通过以上对中日两国谚语的具体分析，可见中国人的扩大意识和抽象概括性的思维方式以及日本人的缩小意识和具体形象性的思维方式。中国人注重抽象思考，喜欢总结经验；日本人则更加倾向于具象思考，喜欢通过细微的事物表达道理，这种思维方式的不同在很大程度上取决于生活环境的不同。中国历史悠久、文化丰富、地域辽阔且拥有大量的物产，不管出现哪些问题，中国人都喜欢先注重大的事物，因此中国人更喜欢从宏观的角度出发思考事物。而日本人长期在岛国生活，所接触到的景物也较为矮小，因此他们的思考非常细致入微；并且日本的资源并不丰富，还经常发生各种灾害，因此日本人有着十分强烈的危机意识，发生任何事都会先注重微小的事物、看重细节，从微观出发进行思考，倾向于"小而舒畅""从微观出发完成事件的解决"。

第二，历史文化差异。谚语被称作文化的"活化石"，保存着大量的古代文化。在中日两国的谚语之中，可见大量的名人名字、古地名、历史事件以及历史建筑等。下面分别列出两国的谚语，例如：

中国谚语：醉翁之意不在酒；说曹操，曹操就到；名落孙山。

日本谚语：敵は本能寺にあり；平家を滅ぼすのは平家；江戸っ子は宵越しの銭は持たぬ；大阪の食い倒れ京都の着倒れ。

其中日语的「敵は本能寺にあり」和中国的"项庄舞剑，意在沛公"表达的是同样的意思，指对方别有用心，其真正的目的无法通过表面看出来。前者源自日本历史中的"本能寺之变"，后者的背景则是"楚汉争霸"。这些谚语产生自每个国家自身独具特色的历史文化。它们不仅将历史传承下来，并且让人们通过谚语再次了解当时的状况。

（3）中日同形近义词差异。在中国和日本的语言中有很多字形一样的词，它们就是中日同形词。目前多数研究以词义为根据将同形词分成三个大的类别：同形近义词、同形同义词、同形异义词。其中，同形近义词具体指的是那些词义既存在相同之处又存在差别的同形词。对于学习者而言，中日同形近义词的使用较为困难，因为其在意思用法上既有差异又有相同的地方。我们可以从以下具体的方面对同形近义词的差异进行详细探讨。

1）词义上的差异。以词义的范围为根据对同形近义词进行分类，可将其划分为以下三个类别：

第一，中日两语有着同样的意思，但是汉语有着比日语更广的词义范围。在中日两种语言之中，"最近"都表示"近来，此前不久"，但是在汉语中该词还能够表示"说话之后的一段时间"，能够用来表达将来的意思。

第二，中日两语所表达的意思相同，但日语有着比汉语更广的词义范围。在中日两国语言中，"反对"一词的意思都是"不赞成"，但是在日语之中，该词还有"颠倒，相反"等意思，比如日语「反对方向」，它翻译过来就是"相反的方向"，这是日语的特有义。像"大事""注意"等都属于这一类的词。

第三，中日两语意思相同，但各自包含其他的意思。汉语和日语中的"单位"一词都能够表达"计算事物数量的标准"的意思，但汉语中的"单位"还表示"团体、机关或者其所属的某一个部门"。此外，日语中的"单位"还能够表示"学分"。像"专门""意见"等都属于这一类词语。

2）词性上的差异。有一些意思相同的同形近义词，所具有的词性却各不相同。较为常见的包括以下内容：

第一，在汉语中是动词，在日语中是名词。例如，汉语中的"牺牲"可以用作动词，但是在日语中该词只能用作名词。

第二，在汉语中是形容词，在日语中是动词。例如，汉语词汇"发达"是形容词词性，而日语中的该词则是动词词性。

第三，在汉语中是他动词，在日语中是自动词。像"充实""满足""发展"等都是这一类词汇。

3）搭配上的差异。同样的词语在汉语和日语中搭配不同指的是修饰对象不同，或者是两者有着不同的作用对象。例如，汉语中的"柔软"往往用来修饰具体的名词，像"沙发""毛衣""坐垫"等，而日语中的"柔软"则经常用来修饰抽象名词。此外，汉语中的"培养"一词能够作用于人或者"细菌"这类的物体，而日语中的该词只能作用于后者。另外，像"追究""贵重"等也属于这类词。

4）褒贬上的差异。有些汉语中的中性词在日语中却含有贬义。举例而言，汉语中"差别"一词意为"不同，差异"，褒贬色彩并不明显，多用作中性词，而汉语日语中的该词则有"歧视"的意思，能够用作名词或者动词。另外，"深刻""检讨"也属于这一类词语。

5）语感上的差异。在汉语中，"失败"既能表示战争这类的大事件，也能表示日常小事，具有较强的语感。而在日语中该词只能用于小事，和汉语相比，语感较弱。另外，这一类的词还有"反省""质问"等。

6）文体上的差异。汉语词语"愉快"较为口语化，在生活中经常用到，而在日语中该词则具有较强的书面色彩，往往在论文等较为正式的文章中使用。此外，"克服""现在"等也属于这一类的词语。

2. 汉语日语各成体系

经历了数千年的发展，汉语可谓是博大精深。伴随着中日文化交流的不断加深，日语在不断发展过程中也吸收和借鉴了很多汉语的词汇文化和表达方式。即便如此，汉语和日语在表达方式和文化属性方面还是存在着很大的差异性。语言多是通过谱系来进行区分和汇总的，如汉语属于汉藏语系。从语言形态以及语言结构而言，汉语是典型的"词根语"，即"孤立语"，日语词汇通过语法意义的附加成分与词干和词根的粘附关系组成的，由此可见，日语应当属于"黏着语"，日语通过语序和虚词来表达和转换不同的词汇以及句子。根据语序分类，汉语属于SVO（主语–动词–宾语）型语言，而日语则是SOV（主语–宾语–动词）型语言。

受日本"和"文化的影响，日语的敬语语系以及暧昧表达方式可谓多种多样，不仅如此，日语中还普遍存在大量的外来语以及省略语，还具备不同人际关系、社交场景的待遇表达方式以及男女口语的差异，这些显著差异构成了日语多样性以及复杂性的语言特点。日语的多样性和复杂性使得学生在学习日语时会感觉比较困难，这在日语学习中是普遍现象。

综上所述，汉语和日语的语言差异性表现在多方面，这些都源于中日两国不同的文化属性和文化内涵，所以，进行语言学习的同时，也要对日本这个国家和民族的文化有深刻的理解，否则就会造成认知困难。大学生长期受到母语文化的熏陶和影响，其思维模式已经适应了母语的文化特点，在进行日语学习时，冲破思维模式的束缚无疑是一件困难的事。这就要求教师在语言教学时，除了训练基本语言知识外，还应增加语言文化的传导，让学生对日本这个国家和民族的文化属性以及文化内涵有初步的了解，从而通过文化感悟来熟悉日语的情感表达方式。

（二）日语教学中文化导入的原则

第一，正确把握语言教学与文化导入的主次关系。在有限的课堂时间里，教师切忌过于强调文化因素而忽略学生的语言基本功训练，而要以语言教学为主、文化导入为辅，进行主次分明、主次相融的外语教学。有机结合日本文化的多样性，并且深刻讲授不同语境在不同文化内涵下的表达方式，用文化导入的方式促进语言教学，提高教学水平。

第二，外语习得不能忽略对母语文化的学习。外语教学应该建立在目的语文化与母语文化共享的基础上。教师必须让学生知道学习和了解中国文化的重要性，有比较才能有理解，学生只有加深对本国民族文化的理解，才能以此为参考实现对日本文化的理解。当前中国的外语教学中，比较严重的问题就是教师和学生过于重视对目的语文化的学习，而对母语文化的加强和理解则不够重视，这在一定程度上也造成了母语文化的缺失。需要注意的是，外国化并不是学习外语的最终目的，日语学习者必须具备进行两国文化差异比较的能力，在了解外国文化的背景下传播母语文化，从而增强两国文化的共同进步。

第三，客观评价两国文化差异。文化体现着一个民族的人文背景以及生活观点，是建立在民族价值体系上的传承，它不仅影响人们的言行举止，也影响到评价体系，为避免学生用母国文化标准来衡量日本人的文化行为，在进行日本文化的疏导和学习时，教师应当帮助学生进行全面的分析和理解，不要产生以偏概全的思维方式，要学会理解和包容两国文化差异，建立客观而全面的分析体系。

第四，提高学生自主学习能力。学习力以及创新力的提升需要学生具备强大的自主学习能力。自主学习能够有效提高学生的理解能力以及认知能力，同时还能帮助学生养成良好的思维模式。语言教育不能仅仅局限于短暂的课堂教学，学生的课后自学也是提高语言能力的有效途径。对于学生的自主学习能力的提升，教师在日常教学中可以根据学生的语言掌握能力适当布置作业，帮助学生养成课后学习的习惯。

（三）日语教学中文化导入的突破

1. 重视与挖掘文化内涵

（1）重视词汇的文化内涵。词汇是语言表达的基础，也是使语言具有文化属性的工具，不同文化背景之下的词汇会出现不同的意义表达。以汉语和日语为例，它们中有很多词汇具有相同的代指意义，但是其涵盖的文化意义却不同。

例如，中国人往往把猫头鹰和黑暗、神秘联系起来。但是日本人对于猫头鹰的情感表达却有不同的意义，日语中，猫头鹰的发音和"福老"相似，"福老"意指幸福长寿的老人，是吉祥美好的象征，所以，日本人非常喜欢将具有猫头鹰含义的生活用品放在身边以求幸福和美满。例如，具有猫头鹰形象的挂饰、胸针等。诸如此类的词汇还有很多，这就是因发音特点而导致的意义不同，所以，教师在进行日语教学时不仅要进行语义讲解，而且还要针对词汇本身所蕴含的文化内涵进行补充说明，以便学生能够更好地掌握语义表达技巧。

（2）挖掘语言现象的文化内涵。日语特有的一些语言表达方式与汉语存在着很大的差异性，这也使得日语学习者面对诸如此类的词汇时，会觉得日语学习更加困难。例如，日语中表示授受的单词分别有「やる」、「あげる」、「くれる」、「もらう」，除此之外还有很多敬语相联系，这就使得日语出现了罕见的授受动词三次并存的特殊现象，这一现象的出现恰恰表现了日本人具有的普遍的"恩惠"原则以及日本人独特的处事之道。

参考这一原则，日本人在受到别人帮助时，不管得到的帮助多么微小，也要表达感谢的心情，所以会有「てもらう」、「てくれる」这些词汇的产生，而给予帮助的人为了表达自己的谦卑往往会避免使用「てあげる」的讲法。在日语的学习中，如果对这种隐藏的文化内涵不了解，就很容易出现不合时宜的误会。例如，当要帮助他人拿行李时，如果说

「お荷物を持ってあげましょう」，就会让他人感觉难以适从，这时往往会用「お荷物をお持ちしましょう」来表达。同样，如果需要帮助时也不能说「すみませんが、荷物を持ってください」，而应当说「すみませんが、荷物を持ってくれませんか」，这样才符合日本人的社交价值观。

2. 分析与教材相关的日本文化

为了能够更好地掌握日语的用语习惯以及语法表达方式，学生对于日本文化内涵的了解就显得尤为重要。通过哪种途径能够更好地了解日本文化，对于学生而言，教学教材无疑是一种很好的工具。利用教材对日本文化进行阐述不仅能够增强学生的学习兴趣，还能有效锻炼学生的阅读能力。教材内容不宜过于单一，应该涵盖日本民族的地域特点、文化属性、历史典故、生活习惯等，同时突出一些中日文化的特点对比来加强理解和记忆。这就要求日语教师具备一定的文化储备，能够轻松驾驭教材内容，并且深入浅出地帮助学生理解和消化学习内容。

（四）日语教学中文化导入的途径

第一，选用合适的教材提高学生的文化意识。作为语言学习的基础，教材发挥着举足轻重的作用，也是教师和学生之间建立联系的桥梁。教材的作用旨在传授文化意识，帮助学生获得知识来源。日语教师应该根据自己教授的专业课的特点，选用既能够满足教学用途又能从各个方面体现出日本文化特色的优秀教材，既可以满足学生学习语言的需要，又提高了学生的文化意识。

第二，制作图文并茂的多媒体课件。计算机技术的高速发展在一定程度上也帮助了多媒体技术在课堂上的教学应用，其丰富多彩的教学场景增添了课堂的教学兴趣，也丰富了教学内容。多媒体技术的应用有效地提升了学生对目的语文化内容的理解，帮助学生拓宽了认知范围，是现代化教学的有力工具。日语教师应该充分利用这个平台，立足于教材制作出具有日本文化特色的多媒体课件，采用系列图片、视频片段等形式使学生直观地了解日本社会的风土人情和传统文化，帮助学生在课堂上掌握更多、更丰富的语言知识以及文化知识，从而提高学生的语言掌握能力。

第三，通过日文书籍、报刊等提高学生的文化意识。教材只是学生接触日语学习的一部分，而课外阅读书籍中所包含的内容也是非常丰富的。课外阅读资源包括日语书籍、日语报刊、日语文学作品等。作为民族用来体现文化内涵的载体，文学作品是不可多得的教学素材，学生可以通过日本的文学作品来深刻了解日本民族的文化组成以及文化价值体系，了解日本民族的生活习惯和性格特点。通过日文书籍、报刊等提高学生的文化意识，这种方法对于提高学生的社会文化素养非常有效。

第四，通过观看经典影视作品提高学生的文化意识。日语教师可以向学生介绍一些经典的优秀日本影视作品，让他们在课余时间进行反复观看。学生在观看影视作品的过程中既可以提高听力水平、会话能力，也可以让学生身临其境地感受日本人的内心世界，了解他们的人生观、自然观和价值观，切身体会中日文化的差异所在。当然组织学生观看之前，教师应就相关的文化问题有针对性地布置任务，观后及时进行课堂讨论以及点评讲解，才能收到良好效果。

综上所述，以文化为依托进行日语学习是一项艰巨而持久的任务，对于传统的教学而言是挑战，也是机遇。对此不仅需要深入地改革现有教材，还要提升教师队伍的文化能力以及综合素质。如何更加有效而科学地进行文化导入就变成了现阶段主要的思考方向，同时引发的关于学生如何利用文化导入来学习和理解日本语言的思考也是当下教育团队需要解决的首要问题。

二、日语教学中的文化意识

（一）日语教学中文化意识的培养现状

当前日语教学中，一般采用词汇、语法、句型等的练习为主，教学模式单一，偏重语法句型训练和阅读理解，忽视语用、语境等问题。学生只掌握了表面的语言形式，却不了解语言背后的文化因素。学生平时学习也以教材上的知识为主，课堂上跟随教师的讲解，不主动地进行思考，只抄写记录课堂笔记。课后布置的作业也是以文章背诵、文章翻译、写作等为主。对学生的非语言行为能力和交际能力的培养投入不足，交际方略能力的培养没有给予足够重视。

在课程设置上，日语专业主要课程有日语精读、会话、听力、泛读、写作和翻译等课程，在选修课程方面还开设了如日本历史、日本地理、日本文学等拓展性课程。课程设置较全面合理，可实际的教学中由于教学内容、授课方式、教师素质等诸多方面因素限制，使得日语教学中词汇、语法、句型等占据了主要时间，实际的文化学习严重不足，跨文化教学存在局限性。

（二）日语教学中文化意识的培养途径

意识在心理学中定义为人所特有的一种对客观现实的高级心理反映形式。民族的发展也会带来语言的进步和发展，作为社会民族文化的重要部分，语言的地位也是不可动摇的。民族不同，其文化、历史、风俗也各有不同，这些都会在民族语言中有所体现。文化发展中必然有语言存在，而语言也是文化发展的依托，日语教育属于语言教学，其中也必将包括文化教学。日语教学中文化意识的培养途径主要包括以下方面：

第一，通过日常教学进行文化渗透。日常日语教学中，一个单词的日语和汉语概念意义相同，文化背景意义可能大相径庭。因此，教师可以从文化角度将难以表达的意思进行讲解。在教会学生概念意义的基础上，挖掘词汇的内在文化因素。在介绍句型结构时，同时了解语法的语用和交际功能，使学生在学习语法中了解文化。

第二，通过课外活动进行文化体验。多姿多彩的课外活动的开展能够帮助学生对异国文化有更加深入的切身体验。活动由教师组织，以学生为中心进行开展，例如，茶道会、日语歌曲大赛、日语角和日本电影赏析等。实际的情景，会让学生感受到真实的日本文化，了解文化差异，提高跨文化交流意识。

第三，通过与外籍教师和留学生的交流进行文化感受。相较而言，外籍教师和留学生的语言文化优势更为突出，他们的语言表达和文化知识也更加地道和专业，能够采用较通俗易懂的语言表达来阐述难点和重点。长期生活在日语语言文化中，对自己民族的文化理解较为透彻，能够帮助学生理解日语语言文化中不同于中国文化的现象。较多地开展外教和留学生的交流活动，能够较高地提升学生的跨文化交际能力。

综上所述，在日语教学中，要重视文化教育的作用，这也是学生跨文化意识教育的重要环节，对于其今后的发展至关重要。因此，作为日语教师应在日常教学中更多地进行文化渗透，让学生的文化认知意识和跨文化思维都得以提升，从而让学生的跨文化交际能力有质的飞越。

第三节　日语跨文化教学及其能力培养

一、日语跨文化教学

（一）日语跨文化教学的表达

语言是文化的载体，语言也是交际的工具。语言规则是语言学习的基石，但是仅掌握语言规则并不意味着同时就能进行很好的交际。学习语言不仅是要学习语言规则，更重要的是学习语言文化。语言文化指的是通过语言的使用而形成的一种文化，这种文化中包含着语言作品以及为了创造这些作品而形成的一些人类活动，如科学、哲学、文学等。依据语言文化概念而言，其中还包括人类的语言以及语言文化在人类交际活动中所发挥的作用。

1. 日语表达的语义语境

语言需要借助语言符号来进行表达和交流。语言规则的含义可以通过语气、声调来进行增添，一些语言中的深层次含义以及特定的语境可以通过谐音、隐喻等文化内涵来进行表达，这些要素构成了语言的基本文化特征。

2. 日语表达的间接言语

根据对语用学的研究，在一些特定的语境当中，人们会用不同的句子或词汇来表达自己的意图。例如，人们会使用自己的要求、本身的主张、带有暗示意思表达的语言、具有参照性的语言等。我们需要了解并掌握语言使用者的价值取向、所持有的态度，才能更好地理解他的表达方式。一个民族的文化所具有的本质特点就是由其成员的伦理观、价值观、道德观以及信念、态度所构成的。所以，语言并不会以一种孤立的方式存在，它需要在特定的语境之下或直接或间接地发挥自己的作用。在进行语言规则的教学过程中，有一个非常重要的任务就是了解发言者的直接言语行为，而语言文化的教学过程中，则要帮助学习者了解发言者的间接言语行为。要想学好一门语言，必须要熟悉这种语言的文化内涵。如果仅仅学习这门语言的使用规则，那么就很难贴切地使用此类语言的表达方式，也无法准确地理解使用此类语言的人们的心理状态。

3. 日语表达的情感抑制

在使用外语进行交流时，人们往往会产生一种"犹豫"的心理状态，所以，在交流时会有一些特殊的表达方式出现，在语言学中，将这种现象总结为"发话犹豫"。特别在日语交流时，很多人会出现明显的"发话犹豫"。在学习日语的过程中，学习者只有通过熟悉和理解日本的文化，才能逐渐克服这种"发话犹豫"。

日语的会话有一个明显的特点，那就是说话人会尽量避免给听话人增加额外的负担，说话人会认真判断听话人的表现，分层次、分阶段地把自己的意图表达出来。正是因为说话人需要花费大量的注意力去观察听话人的反应，所以，其语言表达的直接性就会受到抑制，交流的过程中会出现大量的省略语，听话人只能通过讲话内容中的内在联系去理解他所表达的言语；日语中还会尽量避免使用否定性质的回答，如果必须要表达反对的意见，他们会先解释自己持反对意见的理由，再让对方去理解自己为何要持反对的态度。另外，会话中期待对方不断应和，寻求促进话题深入下去的语境。日语表达的这种心理倾向也是通过学习必须掌握的。

4. 日语表达的肢体语言

在使用日语进行的交际中，人们不仅会通过文字符号来进行语言的表达，还会使用身体姿势、面部表情、肢体运作来将言语信息传递给他人，同样可以起到交流的作用。例如，日语式见面礼不是拥抱，不是握手，而是互相鞠躬；当日本人在会话即言语交际中频频点头时，并不是完全表示对所听到的话语内容的赞同，有可能只是代表正在注意倾听。这些动作所表示出来的内涵也需要通过对民族文化的认识来理解和体会。

在学习日语时，人们在理解异文化的过程中，往往会通过文化翻译的方式进行。但是，这就如同外语学习者在翻译外文时，习惯于去从语法和词汇中找寻自己熟悉的等价物，这种想法是不可能完全实现的，如果语言的翻译能做到完全的等价，实际上也等于"不翻译"。语言是一个复杂的概念系统，它是不同的民族在各自特有的生活环境中，按照自己的角度去观察和理解自然界和周边的事物，随着时间的推移、实践的演进而逐渐形成的，价值观、道德观、人情味等蕴含在文化中的元素会呈现出不同的特点。由于语言学习者对异文化的接受程度不同、理解程度不同，因此，在跨文化交际中所获得的交际结果也各不相同。

语言具有鲜明的民族性、特殊的社会性、丰富的文化性，交际功能也各不相同，因此，每一种语言在心理的表达、习惯的表达以及方法种类的表达方面，与其他语言都会有着明显的不同。所以，在利用口语进行日语交流时，不仅要对语法规则进行灵活的运用，还要准确理解日语特殊的交流方式和交际心理所引起的在口语表达上的差异性。所以，只有对日本的文化更加熟悉，才能更好地提升日语的运用能力，也才能更好地理解日语所表达的内容。通过语言学习达成跨文化的理解是日语教学的目标之一；通过语言学习提高文化素养，提高审美情趣是日语教育的目标之一；脱离开语言文化研究日语教学，必将是局限于对语言规则教学的研究，难以达成语言理解，更谈不上语言交际和应用，是不完整的教学研究。

（二）日语跨文化教学的要点

1. 接触与认识异文化

日语教学是通过教科书进行的，学生不能深入到异文化环境去亲身体会。这种经验是二元的，属于间接经验。同时还受到经验来源渠道的制约，教材、影视剧中文化的信息含量是有限的，受内容或目的的制约，还会出现片面的、个别的、不能代表日本文化根本的信息，即使对这种有限的或是片段的信息还存在着能够被知觉的和不能够被知觉的部分。因此，文化信息接收渠道和能够获得的知识量限制了学生对日本文化的完整、准确认识，需要教学中由教师有意识地进行补充。

2. 理解跨文化

人们在认识异文化时，会受到信息渠道的极大制约，这也会成为理解跨文化的难点。另外，学习者对自己民族文化的理解程度以及所持的态度，也会影响其对异文化的理解。若学习者本民族文化的意识非常强，那么，文化迁移的过程就会变得困难重重。只有秉持着适宜的态度才能更好地理解异文化，这期间既不能全盘吸收，也不能全部否定。

日语是一种非常富有特色的语言，表现力很强，语言形式看似平淡，其内涵却极其深刻、极其丰富。日语中有很多固定的、习惯性的语法和格式，在特定的语境中可以传递大量语言中未直接表达的意思。只有熟悉了这些隐藏在语言规则中的心理特点，才能更好地掌握日本的交际文化。这些都属于文化理解的范畴，需要理解的是在何种语境下使用什么样的语言规则。教师在教学中经常将语言规则、语言知识的传授作为重点，但是，对语言规则背后的文化背景却疏于介绍，这就会造成学生语言规则使用不准确的现象。

3. 文化迁移

日语学习中容易遇到文化迁移不顺利的现象，其原因是学习者对异文化所持的态度出现了问题，如果在学习语言的过程中持消极态度，是很难真正学好一门语言的。

4. 熟悉异文化的来源

在非日语环境中开展日语教学，通常语言的文化信息主要来源于间接经验，如书籍、报刊等。因此对异文化的认识不可避免地受到间接经验的传递者（作者）的影响，每一位作者在介绍一个观点或感受时，或多或少地带有个人的、主观性特点，可能只是在某一特定场合下的特殊体验，因此，这种体验的客观性就有待确认。如果不加分析全部接受，就可能带有认识的片面性，不能够完整准确和真实地认识异文化、感受异文化。

（三）日语跨文化教学的教师发展取向

当前，跨文化教师专业发展的研究并没有止步，教师专业发展的内涵、特征等也在不断深入，在此基础上，跨文化教师专业发展已初步形成三种取向。具体而言：一是理性取向，即强调增进理论知识与教学技能；二是生态取向，强调通过个体与环境的互动而达到共同成长；三是实践—反思取向，即强调教师通过对自己教学实践的反思达到专业成长。上述教师专业发展的三种取向，对于跨文化教师的成长都有一定的启示，并为其专业发展提供了多种路径。

1. 理性取向

跨文化理论知识和实践知识都是跨文化教师必须掌握的。只有跨文化教师拥有扎实的理论知识体系和超强的跨文化实践能力，才能提高跨文化教学的效果，进而实现跨文化教学的目标。文化知识在跨文化交际中占据重要的地位，文化知识越扎实，越有利于融入跨文化语境中，也越有利于避免语用失误和文化障碍。而跨文化知识的获取并不是一蹴而就的，而是一个长期积累的过程。

（1）阅读经典、名著或原版著作。在阅读中了解文化差异的根源、文化差异的背景，厘清不同文化之间价值观念、思维方式、风俗习惯等方面的差异。

（2）多与不同种族、不同文化背景的人进行沟通和交流。在交流过程中，深入了解这些人群的价值观念、思维方式以及行为习惯。

（3）经常参加一些不同文化的群体活动或社团活动。在参与活动的过程中，掌握文化差异的内在规律。

（4）选择一些有代表性的实例来研究不同文化之间存在的差异。通过个案的讨论研究使未来的教师有机会去检验他们的不足，并可能提高他们对文化冲突的敏感。

2. 生态取向

跨文化教师必须树立正确的成长和发展关键。随着文化多元化进程的不断推进，跨文化教师更应该抓住机遇，不断充实、完善和发展自我。环境是影响跨文化教师的重要因素，因此，教师在专业化发展中必须重视环境因素。环境可分为人际情境和制度情境。从范围来讲还可分为宏观、中观、微观环境。宏观环境是国际、全国、各州（省）的专业组织、学术团体；中观环境可以理解为学校内的教师共同体，他们是潜在的合作和交往的对象；微观环境是指与个体日常发生密切联系的同事，如本系教同一门课的教师同伴。

环境对跨文化教师专业发展的影响是深远的，在研究跨文化教师专业发展中并不能忽视环境对其的影响。更为重要的是，跨文化教师内部群体之间的互动也会影响跨文化教师的专业发展。跨文化教师要想顺利实现文化转型和专业发展，必须从微观层面与内部教师积极互动、交流。每门课都有特定的目标，在课程体系中都有其特定的价值和功能、传统和规范。阅读文字材料（专业指南、教学大纲）来了解一门课的目标及原理，了解其教学要求是十分必要的。但是，无论文字材料如何健全，都不及本文化教师进行讲解有针对性。因此，建立与教师同伴的伙伴关系对于跨文化教学的成功至关重要。

除此之外，教师专业化发展也可以通过不同教师之间的专业组织。跨文化教师积极参与不同国家、不同地区的专业组织，可以在这些专业组织中了解文化差异形成的原因，了解不同文化间的背景、思维和行为方式。同时，跨文化教师还可以拓展文化知识，与其他不同文化的人建立互动关系，从而形成学习共同体，进而促进自身的专业化发展。

3. 实践—反思取向

实践不仅是对理论的检验还是巩固理论的重要途径。同时，实践也会对跨文化教师的专业化发展产生深远的影响。多元文化教学技能的提高只单纯依靠理论是不够的，必须依赖于现场观察和实践。实践对于未来教师专业成长、消极种族态度的改变等都具有十分重要的意义。可见，实践是教师日常学习中必不可少的组成部分，也是训练的重点。

跨文化意识的形成和提高离不开反思与自我研究，它们之间是相互促进、相互影响的关系。而教师是一种特殊的群体，它不仅具有反思和自我意识，还是具有一定经验的实践者，所以教师在日常教学中能够对自身的意识、观念、教学理论与实践进行及时监测。

跨文化教师的成长是一个不断学习、交流、实践与反思的螺旋式上升的过程，也是跨文化教师发挥个人主观能动性不断自我要求、自我提升的过程。跨文化能力的发展是一趟终身之旅，是教师主体不断自我反思、自我要求、自我改进、自我完善的过程。跨文化教师是真正的终身学习者，他们必须拥有这样的信念：教无止境，学无止境。

（四）日语跨文化教学的策略

1. 跨文化接触的教学策略

（1）语言知识学习。异文化的理解首先要学习语言知识。当然，不利用日语，通过阅读汉语书籍也可以了解异文化。但是从知识量而言，能够被翻译过来的文化书籍还是有限的，能够圆满翻译出原汁原味的言语内涵、画外音的作品更是少之又少。只有通过阅读日语原文书籍，用日语语言体会特定语境下的语言文化，才可以更准确了解、体会日本文化，掌握语言的魅力。要想学好异文化，要通过学习语言知识来掌握异国的语言文化。语言知识的学习不仅要学会这种语言的词汇、读音、语法规则，还会涉及日语中常会遇到的成语以及谚语、文学典故以及日语故事等，学习它们都有利于语言文化知识的积累。

第一，灵活深入剖析课文。日语教学通常重视词汇、语法的教学，课文教学则以文章内容的理解和语言的运用为主。实际上课文中一定包含语言文化的知识，教学中除了有关语言知识的指导，还可以指导学生了解语言文化。可以准确选择在特定的语境中所用词汇和语法以及表达方式，是语言应用的关键。因此，对课文的学习是理解和掌握异文化所迈出的第一步。

第二，有意识积累和积极运用。对于教学中接触到的异文化知识，要有意识地归类整理；指导学生通过记忆例句掌握语言中的文化含义，并且提高应用意识，增强文化体验感。

第三，对比。日语的语言文化同汉语的语言文化之间有很多相似点，但它们之间也有不同。经过对这两种语言文化的分析以及对比，有利于学习者对日本文化加深理解，这种日语语言文化的学习方式能够体现出学习者的能动性。例如，中国人习惯用"吃了吗？"作为见面时的问候语；日本写信时的标准格式开头则是多使用季节问候语。这样通过语言应用差异分析开展对比教学，更有利于促进学生固有知识文化的内部融合。

（2）指导学生大量阅读。在学习异文化的过程中，往往会遇到文化环境缺乏的情况，学习者只能通过阅读来对异文化加深了解，但这种方式所接触到的异文化信息往往并不全面，所以，只有进行大量阅读才能解决这一问题。不仅要阅读课内的教材，还要阅读课外的大量书籍与读物，而且课外阅读是更重要的了解异文化的方式。原因在于课内的阅读通常都会以语言知识和技能学习为主要任务，尽管也附带着一些文化内容的学习，但是，受到时间以及内容因素的限制，学习往往是碎片化的，学生也难以静下心去体味其中的文化内涵。所以，只有在课外阅读的过程中，异文化的学习才能收到更好的效果。学生阅读需要注意以下方面：

第一，书籍、报刊、杂志都可以作为阅读的对象。不仅可以读日语原文的图书，还可以读中文的有关书报杂志。

第二，阅读的题材要广泛，不拘泥于小说等文学作品，只要是与日本相关的信息，包括经济、文化、风土人情、社会、地理、历史等，都要作为文化学习的内容，积极吸取，日积月累，逐渐完善。

第三，学习记读书笔记和摘要。记忆有着自身的规律性，只有不断地进行重复，才能放缓遗忘的速度。学习的过程中，做好读书笔记以及课程摘要，可以为今后的复习提供便利。

第四，定期归类整理。要将自己在学习过程中积累下来的与语言文化有关的资料进行及时的归纳和整理，这样做不仅有利于巩固已经学到的知识，而且还方便今后的查阅。

（3）应用互联网。网络帮助人们缩短了与世界的距离，在网络中，通常可以很容易地获得大量信息去了解日本。利用互联网学习日本文化，是克服信息量不足、文化体验较少这一困难的好办法。

第一，有计划、有目标地上网。教师需要提前考核好网站信息的准确度和可操作性，指导学生制定网络学习计划，规划出每日的学习重点，这样可以减少学生无意识学习，也可以尽可能完整地获取知识。

第二，寻找好的网站。查找可信度比较高的网站地址，加入感兴趣的文件夹中。这样可以避免盲目寻找、浪费时间。

第三，资料下载。经常下载有价值的资料。对于比较感兴趣的话题，随时保存在文档中或存盘整理，以备复习查询。

第四，网上咨询和讨论。自己的观点或想法、疑问通过网络发布，可以获得帮助。可以选择有在日本生活经验的人为谈话对象，就某一话题开展讨论，从中体会自己与对方对某种事物的认识差异，并思考导致这种差异的文化根源。

（4）从日本影视剧中体验异文化。观看日本影视剧也是了解异文化的一个捷径。因为艺术是来源于生活又高于生活的，影视剧反映的是社会的真实，是文化的浓缩，通过影视剧可以了解日本文化的深层次底蕴。

第一，反复观看同一日文影视剧。反复观看的过程中，不仅有利于日语的学习，而且有利于了解和熟悉日本的文化。以学习为目的的观看，要反复去观看，这样做的目的：一方面反复练习日语的听与说；另一方面可以反复体会在不同的语境下，如何去用日语正确表达说话者的意思。在反复观看的过程中，还能发现以往未引起注意的细节，更容易对日本文化产生深刻的理解。

第二，确定每一次观看时的学习任务。在第一次观看一部影视剧时，注意力往往都会放在剧情的发展上，但这并不是观看日文影视作品的最终目的。通过观看日文的影视剧，最大作用是可以通过它来了解日本的风土人情和历史文化。所以，每观看一遍，都要给自己订立任务，不能只围绕剧情消耗时间。

第三，回味与记录。观看结束后，还应对影视剧进行记录，去回味其中的知识点。要记录自己从一部影视剧中，学到了怎样的知识，感受到了哪些内涵，这样不仅可以锻炼自己日语的表达能力，而且也能够加深对异文化的理解程度。

2. 跨文化理解的教学策略

（1）文化迁移时的态度。对异文化持有何种态度、接受的程度如何，决定着对日本文化理解的程度，而这种理解的程度又决定着我们日语学习的效果。所以，要想学好一门语言，首先要以一种积极、主动、包容的态度去接触这个国家的文化。

第一，保持好奇心。不能仅凭自己的喜好去看待一个国家的文化，而应对异文化始终保持一颗好奇心，保持一种对新鲜事物的热情以及欲望。

第二，广泛的接受。文化中的内部要素是互相联系、互为依存的，如果受学科的制约，有选择地学习，必将束缚人们的视野，影响到对文化认识的全面性。因此，无论是对经济、社会、地理、历史、教育等任何领域的文化知识，都要广泛地学习。

第三，有长期学习的思想准备。受学习条件和学习时间、学习阶段的影响，人们需要逐渐积累文化知识，而且，随着学习内容的不断丰富，人们对文化的认识也会从表面到内在，逐渐深入。因此，对文化的认识形成，是一个长期的过程，不要急于求成。而且随着人们对日本文化理解程度的提高，对文化差异性的认识也会不断提高，这种有目的的积累，会为今后的日本学研究打下良好的基础。

（2）跨文化交际时的态度。对文化交际过程中应该抱有的态度归纳如下：

第一，避免文化相似性认识。在进行跨文化交际的过程中，之所以容易产生一些误会，原因就在于很多人认为人的思想和行为都具有相似性，所以应该不会在自己的交际中出现不同的困难。虽然从社会学和生物学的角度，在某些方面人与人会存在一定的相似性，但是，文化、社会等不同的特性共同构成了交际，交际也是一种文化行为，而文化是有差异性的，所以，我们必须承认并正确对待这种差异性的存在。

第二，注意语言差异。在运用不太熟练的日语进行交际时，人们容易认为，每一个单词、俗语、文章都具有各自的意义，而且它们只具备自己想要表达的意义。之所以会存在这种错误认识，就是因为学习者没有意识到一些非语言的表达方式的存在，认为语言交际只是一种非常简单的词汇意思的解释过程，而忽略了其中的复杂性。在跨文化交际中持这种态度和方法，必然会导致问题的出现。

第三，正确理解非言语行为。无论是怎样的文化，这种文化中都有非语言行为的存在，而且这些非语言的行为都是由很多交际类的信息共同构成的，所以，学习者很难在短期内熟悉这些非语言的行为。正是因为在理解非语言文化时存有误区，所以在跨文化交际中容易出现摩擦，令交际活动受到影响，甚至受到破坏。因此，学习者必须认真了解异文化中的那些非言语的行为。

第四，避免高度不安或紧张。人们在同文化圈内交际时，会有一种安全感；而在跨文化交际的过程中，这种安全感不容易建立起来，从而精神上会存在一定的压力。人们的工作、学习和生活中，适度的紧张或不安是有益的，但是如果这种紧张和不安超过了一定的度，则会产生不利的影响，因为在这种情况下，障碍物的作用在人们的眼中会被放大，会形成专断的认识，思维也会失去灵活性，这种状态对于跨文化交际是极为不利的，所以在跨文化交际中不能有过分紧张的情绪。[①]

二、日语教学中跨文化能力的培养

跨文化能力是在自己跨文化知识、能力和态度的基础上，在跨文化场景中有效、恰当地进行交际的能力；跨文化能力是对自己的参照系进行相应的改变、使自己的行为适应某一文化语境的能力；跨文化能力是认识到文化影响下的行为，并使自己适应其他文化的

① 刘慧云.日语跨文化教学模式探讨 []].湖南社会科学，2012（6）：235-237.

行为方式（即使这些方式是自己在社会化过程中所未了解）的能力；跨文化能力是通过建设性的互动，在某一跨文化语境下达到自己目的的能力；跨文化能力是在跨文化语境下所应用的良好的人际能力，准确恰当地发出和接受信息的能力；跨文化能力包括跨文化熟练能力（在行为方面重点在于交际能力）、跨文化意识（认知方面指对文化差异的理解）和跨文化敏察力（重点在于对待文化差异表现出的积极情绪）。

（一）日语教学中跨文化能力培养的重要性

1. 理解中日文化的需要

（1）日语教学中跨文化能力培养有利于加强学生对中国文化的理解。一个民族的文化中的价值观念、风俗习惯、行为方式等都是在潜移默化中形成的，人们往往不会察觉。当学习日本的文化时，学生会对日本文化中的一些内容进行观察和分析，也会对我国的文化有更深的认识。对于一些约定俗成的文化方面的内容，我们可以与日本文化进行对比，就会对我国的文化中不曾察觉的内容进行注意，可以有效加深对我国文化的了解，发现我们民族文化中的一些亮点，这也是跨文化学习的好处之一。为了使跨文化学习的效果更好，学生们在学习国外文化的时候，首先应该对我国的文化有更深的理解。因此，跨文化中的本民族的文化学习可以增强学生的民族自豪感和自信心。

（2）有利于学生更加深入地了解日本文化。虽然中国与日本都是东亚国家，从古至今进行了很多的交流，但是由于地理、历史、政治等因素的影响，中日两国之间的文化也会有很大的差异。在进行跨文化交际时，中日文化之间的差异是存在的。只有了解两国之间的文化差异，才能提高跨文化的能力。跨文化可以使学生更加深入地了解日本文化的基本内容，在进行交流和沟通时，可以避免因为不了解对方的文化，而造成的交际障碍。跨文化的了解与跨文化交际能力之间是相互作用的，两者互相影响。

2. 培养敏锐跨文化意识的需要

学生在跨文化交际的过程中，可以对外国文化有更加深入的了解，从而提高跨文化意识。对于学习外语的学生而言，需要具备的素质是敏锐的跨文化意识。在跨文化交际中，对文化内容进行研究，可以帮助学习者了解交际语言和行为产生的背后原因，只有这样，才能使学生真正了解不同文化之间的差异，与不同文化背景的人进行跨文化交际时，才能更加游刃有余。

培养敏锐跨文化意识，教师要具有较强的跨文化意识，这是培养学生跨文化意识的前提条件。随着市场的变化，社会对日语人才的要求也发生了变化，这对教师的跨文化意识也提出了更高的要求，具体如下：

（1）在培养日语人才时，培养策略也会发生改变，根据社会对日语人才的要求，需要教师转变教育思想。教师是学生学习日语的引路人，只有教师在跨文化教学中转变传统观念，才能在教学中使用新的教学内容和教学方式，使学生更好地适应新时代的社会。在日语教学中，教师的观念是先导，学校先要对教师进行培训，使教师充分认识新时代对日语人才的要求，之后在教学中更新自己的观念，才能增强跨文化语言教学的能力。

（2）教师的跨文化意识如何培养，是大学在教师培训过程中需要重视的问题。加强教师跨文化交际的经验，可以与相关的企业进行合作，构建校企合作的培训模式。日语人才的培养主要是为了使学生良好地适应今后的工作，这就需要教师在教学过程中，让学生加强实践锻炼，从而增强学生的跨文化交际能力。教师在教授日语课程时，除了基本的课堂教学之外，教师还应该在日语企业实践锻炼，从而充分感受日语文化，加深学校与企业的联系。教师先行体验过企业的日语环境，也会了解社会对日语人才的要求，在教学中就可以着重锻炼学生相关的能力。在日语交际中，学生的口语可以得到很大的锻炼。学校为了引进更优秀的师资力量，还可以邀请知名日企的专家对人才培养方案进行指导，真正从实际上为日语人才的培养作出变革。

（3）教师在专业知识素养得到强化之后，还需要从文化素养方面得到加强。学校可以通过多种途径加强教师的文化素养，如派遣教师去日本进修学习，加强与日本大学的交流与合作。

3.建立开放、宽容、尊重文化态度的需要

在跨文化教学中，教师应该转变自己的态度，树立各种文化平等的思想，要给予交际对象文化充分的尊重，才能使双方在平等的基础上展开交际。我们在进行跨文化交际时，个人的形象代表着中国人的形象，这就要求我们在与外国人进行交流的过程中，必须树立良好的形象，从而给外国人留下更好的印象，这对促进跨文化交际有积极的影响。如今的中国经济发展迅速，国际地位也逐渐提升，中国学生在与外国人进行对话时，要给予充分的尊重，正确看待不同国家之间的文化差异，才能使跨文化交际顺利进行。在中日跨文化交际中，面对日本文化中的优秀成分要以谦虚的态度接受，对于不好的成分也应该正确看待。

（二）日语教学中跨文化能力培养的要素

能够帮助参与者有效和成功地进行跨文化交际活动的跨文化能力是一个内涵丰富的概念。作为各种能力要素的综合体，跨文化能力由两种基本的能力组成：一种是基础交际能力，即运用各种背景知识和相应交际策略参与交际活动的能力；另一种是行动能力，即把

各种交际策略付诸实施，实现交际目标的能力。行动能力建立在基础交际能力的基础上，基础交际能力为行动能力提供必要的基本支持。它们共同保障交际参与者在跨文化交际场景中有效地参与交际活动。

1. 基础交际能力

基础交际能力可分为知识和经验两个维度。知识可以具体地分为语言知识、文化知识、交际知识和专业知识四类。经验包括他人经验和自己的亲身经验，它们涉及两个不同的领域，知识重在对各种事物和自然、社会规律等的认识，属于认知范畴，交际重在知识在实践中运用的结果，属于行为范畴。知识对学习者而言，容易学习和掌握，交际则具有相当的主观性，往往因人而异，需要具体事例具体分析。

作为基础交际能力的两个维度，知识和经验常常彼此联系、相互作用，对个体的行为共同施加影响，它们不仅涉及认知和情感领域，也时刻影响着个体的具体行动。知识和经验在个体主观意愿的情况下，可不断转换为具体的行动，如语言知识不仅仅是语法和句法知识，而且还蕴涵了运用语言知识参与交际的行动能力。掌握语言知识的人，不但要能够听说读写，还要能熟练运用这些语言技能参与交际，解决交际中出现的各种问题。

2. 行动能力

把跨文化能力放到交际过程的框架中更有意义。一个交际过程可从交际参与者出发，分为四个紧密相接的阶段，分别是认知、阐释、行动和反思，由这四个阶段构成的交际周期不但可用于分析跨文化交际过程，也可用于分析同文化交际过程，与之不同的是，跨文化交际的每个阶段都伴随着许多交际障碍，与这四个阶段相对应，每个阶段都有与之相对应的、发挥重要作用的能力，分别是认知阶段的文化感知能力、阐释阶段的文化解读能力、行动阶段的文化行动能力以及反思阶段的文化反思能力。需要注意的是，这些能力在其他交际阶段也会发挥相应作用，这四种能力有机结合，互为补充，共同决定着跨文化交际活动的进程。

（三）日语教学中跨文化能力培养的路径

1. 日语教学中激发跨文化意识

在日语教学中，对学生跨文化意识的培养应该从跨文化交际的意识开始，使学生树立跨文化意识，才能在跨文化交际中更加积极地学习外语语言知识和文化知识。大学日语教学应该给予学生更多的文化方面的熏陶，这是跨文化交际的重要内容。为了使学生能够更快地适应外国文化，教师在日语教学中，可以将日本文化中有趣的部分讲解给学生，使学生可以认识更多的新文化，从而激发学生认识新文化的兴趣，帮助学生在跨文化交际中提高主动性和积极性。跨文化意识是跨文化交际的第一步，在大学日语教学中，应该将跨文化意识的培养与教育目标结合起来，使学生充分认识到跨文化意识的重要性，这是大学日语教学的关键。大学的日语教学不能将语言知识的学习作为最重要的课程内容，文化的涉猎也是非常关键的，可以帮助学生了解语言产生的文化背景，对学生深刻理解日语语言和运用日语具有极大的帮助。

大学日语教学可以为学生的跨文化意识进行专门的培养，使学生充分理解跨文化的差异，从而在学习日语时，能够正确地看待这种差异，形成自我判断能力，这对提升学生的跨文化交际能力具有重要的作用。

2. 调整日语教学模式

在外语教学中，应该及时调整教学节奏和教学模式，不仅是为了完成教学任务，而且是为了培养学生的跨文化交际能力。因此，在日语教学中，采取多元的教学模式可以有效提高跨文化教学效率。在日语教学过程中，日语学习者学到的日语知识仅仅是书本上的知识，这些知识在应用到实际的语言情景中时，可能会出现各种各样的问题，这就使得很多学生不会处理不同语境中遇到的跨文化交际问题。因此，为了培养学生的跨文化交际能力，比较有效的办法是掌握跨文化研究的方法。只有学生掌握跨文化交际的规律之后，才能在真正的跨文化交际环境中独立地应对出现的问题。教师在教学中需要做的就是及时调整教学模式，使学生在学习过程中能够立足本身，真正学到有用的交际知识。

由于中国与日本之间的文化差异，双方在进行交流的时候必须对文化差异有正确的认识。教师在日语教学过程中，可以为学生提供一些典型的事物举例分析，例如，"狐"这种动物在中国文化中代表着狡诈，但是"狐"在日本文化中具有很高的地位，受到日本民众的喜欢和尊崇。这样的物象差异在中日文化中还有很多，教师可以选择一些典型的物象进行解说，拓展学生的知识面，从而使学生进一步了解中日文化之间的差异，提升跨文化交际能力。

3. 组织日语竞赛活动

在日语人才的培养过程中，除了基本的教学之外，还可以开展一些日语风采大赛，这些活动是大学为了提高学生学习日语的积极性举办的，各个年级的学生都可以参加，当然不同年级的学生比赛的内容不同。日语专业的学生可以多参与这种赛事，每个班级挑选几个学生参加，日语专业的教师可以作为评委。日语风采大赛的内容包括日文诵读、日语翻译、日语节目表演、语音模仿等。不同年级的学生设置不同的比赛项目，使学生比赛时可以更加投入，也能根据不同日语水平的比赛来进行区分。学生在参加日语比赛之后，由评委打分，最后评出不同的奖项。在比赛中，日文朗诵之后，评委可以对学生随机提问，考察学生的日语发音和语调情况。在设置关于日本文化的比赛时，可以使用抢答的方式，激发学生参与的热情。日本文化背景方面的题目可以包括日本的风土人情、日本的礼仪等，使学生对此要作出更多的前期准备，这对学生了解更多的日本文化具有很大的帮助。语言模仿的节目是对日本动漫中的人物进行模仿，能够开发学生的言语模仿能力。

比赛项目还可以设置一些"你说我听"的节目，这个节目可以让评委出题，例如，说出某一个日语词汇的含义，让学生说出该日语词汇。同样，这个节目也适合使用抢答的方式，通过抢答的方式，可以激发学生的答题热情，也能激发学生的好胜心。另外，可以增加一些日语情景剧表演，学生通过自己的思考，创作出一个精彩的情景剧，不仅能够锻炼学生的思考能力，还可以锻炼学生的日语运用能力，这些节目都是为了提升学生学习日语兴趣而设置的，最终也会对学生的跨文化交际能力带来一定的促进作用。

4. 增强教师的跨文化训练

在日语教学中，培养学生跨文化交际能力的前提是教师具有跨文化交际能力。但是教师的跨文化交际能力也不是一朝一夕能够培养出来的，而是一个复杂的过程，日语教师应该对自己跨文化交际能力有一个正确的认识，然后进行具体的跨文化交际能力的培训。

（1）跨文化交际教学经验培训。不同的学校对教师的跨文化交际能力的要求不同，但是每个学校都对外语教师有具体的培训措施。增强外语教师的跨文化交际能力是每个高校的重要任务，因此，会使用各种不同的培训方法。例如，在对外语教师进行跨文化交际能力培养时，最多的方式是本土培训，组织一些研讨会、交流会等，使外语教师可以与同事之间互相交流，分享经验，从而学习别人的优势，弥补自己的劣势，最终可以对教师的跨文化交际能力带来一定的提升效果。大学还可以组织一些听课评课，让新教师和跨文化交际能力不强的教师去跨文化交际能力比较强的教师教学课堂上听课，记录跨文化教学的技巧，从而提升自己的跨文化交际能力。

在跨文化交际能力的培养过程中，教师还应该加强国际之间的交流与学习，可以组织教师去日本进修，参加教学研讨会，将自己的教学成果在国际上分享，还可以在会上与日本的专业日语研究者进行交流，解决日语教学中的一些问题。在培养更多的跨文化交际的教师上，应该使年轻教师多参与国际性的会议，扩大年轻教师的眼界，并且在会议上分享自己的心得。组织教师去国外进修，还能学习到外国先进的教学经验。需要注意的是，教师在参与培训时，一定要有足够的文化敏感性，在有意识地接触日本文化的基础上，深度了解日本文化，对提升教师的跨文化交际能力也有重要作用。在回国之后，教师整理自己的培训笔记，组织专业研讨会，分享自己的进修和培训经验，让更多的教师学习先进有效的跨文化教学技能。

（2）文化知识培训。文化知识培训是教师跨文化能力的重要活动方式。在文化知识培训中，可以对教师的跨文化知识进行专门的培训，并且可以给教师更多的锻炼机会，让教师在接受文化知识培训后，获得更强的跨文化能力。在对跨文化知识进行培训时，教师可以对中日文化之间的差异有一个系统的认识。当日语教师具备跨文化意识之后，就会在日常的交际中有意识地使用日语进行交流，这样在教学中，日语教师可以将日语文化的框架教授给学生，使学生充分认识中日文化之间的差异，树立跨文化意识，从而更好地培养自己的跨文化交际能力。在日语教学中，教师队伍的年龄结构对日语跨文化能力的培养也有一定的影响。年轻的教师接受能力强，在学习和培训跨文化能力时比年长的教师更快。因此建立年轻的师资队伍，可以提升高校日语跨文化教学的效果。

（3）教师跨文化能力的培训。教师的跨文化能力的培养比其他能力的培养更困难。对于知识方面的培养，教师可以很快地学会，但是对于文化而言，受到很多因素的制约，在培训跨文化能力时，就会遇到各种各样的问题。在培训教师的跨文化能力时，可以通过多种途径开始，如通过跨文化的模拟练习，通过真实的文化交流，设置实训的文化环境等。教师在跨文化培训过程中，可以对自己的跨文化意识进一步提升。当遇到很大的文化差异时，就会对教师造成一定的阻碍，教师通过克服文化障碍带来的不适，进而理解文化差异，对培养教师的跨文化能力十分有利。在培训刚开始的时候，教师可以参加一些学术讲座，全面认识文化之间的差异，从心理上作好准备，有些文化差异对于我国的日语教师而言可能是无法理解的，但是这些文化正是日本文化中很正常的部分，这就需要教师克服文化不适，从而正确看待两国之间的文化差异。

除此之外，教师跨文化能力还可以通过到日本交流进行培养。例如，教师到日本的企业中实习，从真实的交际环境中学习交际经验，观察日本人民如何对话、如何行事，这种在日本实习的方式可以更快地让教师了解日本文化。到日企交流的教师与日本人使用日语交流，可以学到更加地道的日语用法，对提高教师的日语运用能力十分有利。我国的很多大学中都有聘请日本的外教担任日语教师，因此，应该充分利用这些资源，使日语外教组织日语教学研讨会，针对我国日语教师在教学中存在的问题进行分析，从而解决在日语教学中存在的跨文化方面的问题，给学生带来更多的地道的日语知识。外教除了教授学生语言知识之外，还可以分享日本的文化，如饮食文化、服饰文化、建筑文化等，使学生从日本人口中了解地道的日本文化。

另外，在培训教师具备跨文化能力之外，还要对教师的跨文化素质进行一定的培训，使更多的教师认识到思想和能力匹配的重要性，从而培养出更多优秀的日语人才。在建设日语教学师资队伍时，校企合作、产学研结合、日本进修等多种方式都是培养更多优秀日语教师的途径。大学还应该建立一套完整的评价体系，不断激励日语教师进步，从而提高日语教学的水平。①

---

① 崔美玉. 现代日语教学与跨文化交际能力 [J]. 时代文学，2010（12）：117-118.

参考文献

[1] 唐磊. 日语教学论 [M]. 南宁：广西教育出版社，2019.

[2] 日语偏误与日语教学学会. 日语偏误与日语教学研究·第五辑 [M]. 杭州：浙江工商大学出版社，2020.

[3] 李宁宁. 日语教学与思维创新探索 [M]. 长春：吉林人民出版社，2019.

[4] 日语偏误与日语教学研究会编. 日语偏误与日语教学研究·第四辑 [M]. 杭州：浙江工商大学出版社，2019.

[5] 日语偏误与日语教学学会. 日语偏误与日语教学研究·第三辑 [M]. 杭州：浙江工商大学出版社，2018.

[6] 程青，张虞昕，李红艳. 日语教学理论与实践模式研究 [M]. 长春：吉林人民出版社，2019.

[7] 董春芹. 跨文化视域下的日语教学研究 [M]. 长春：吉林人民出版社，2019.

[8] 郭晓雪. 互联网＋时代的日语教学模式探究 [M]. 北京：北京工业大学出版社，2019.

[9] 丁尚虎，赵宏杰. 社会语言学与日语教学研究 [M]. 上海：上海交通大学出版社，2019.

[10] 李明姬. 日语教学与思维创新研究 [M]. 成都：西南交通大学出版社，2017.

[11] 日语偏误与日语教学研究会. 日语偏误与日语教学研究·第二辑 [M]. 杭州：浙江工商大学出版社，2017.

[12] 彭曦，何宝年，刘峰. 日语教学与日本研究：中国日语教学研究会江苏分会2017-2018合刊 [M]. 上海：华东理工大学出版社，2018.

[13] 宁雅南. 文化视角的日语教学研究 [M]. 武汉：湖北科学技术出版社，2016.

[14] 日语偏误与日语教学研究会. 日语偏误与日语教学研究·第一辑 [M]. 杭州：浙江工商大学出版社，2016.

[15] 游衣明，揭侠. 日语教学与日本研究：中国日语教学研究会江苏分会2015年刊 [M].

上海：华东理工大学出版社，2015.

[16] 张倩荻. 文化差异视角下高校日语教学中学生跨文化交际能力培养——评《日语会话教程》[J]. 热带作物学报，2021，42（10）：3116.

[17] 刘丹丹. 中日文化差异背景下的日语教学思考——评《中日文化的互动与差异》[J]. 高教探索，2020（07）：139-140.

[18] 万晴. 茶文化在日语教学中的应用研究 [J]. 福建茶叶，2017，39（08）：370-371.

[19] 刘慧云. 日语跨文化教学模式探讨 [J]. 湖南社会科学，2012（06）：235-237.

[20] 马宵月. 创新日语教学模式　培养现代日语人才——评《日语教学法》[J]. 山西财经大学学报，2021，43（09）：131.

[21] 刘霏. 日语语言教学法与跨文化教学意义研究——评《日语语言学与跨文化应用》[J]. 外语电化教学，2021（01）：116.

[22] 肖海艳. 日语教学重要理论解读与实用策略研究——评《日语教学理论及策略》[J]. 教育理论与实践，2020，40（33）：65.

[23] 王慧鑫. 跨文化传播视角下的日语教学研究——评《跨文化交际与日语教育》[J]. 新闻与写作，2020（09）：115.

[24] 余耀. 跨文化教育在日语教学中的应用价值探究——评《日语教学与思维创新研究》[J]. 中国教育学刊，2020（08）：133.

[25] 卢杭央. 高职商务日语教学中的跨文化意识培养 [J]. 职教论坛，2011（17）：50-54.

[26] 张怀云，张秀清. 论中日文化差异与大学日语文化教学 [J]. 教育与职业，2009（24）：102-103.

[27] 刘慧云. 日语专业跨文化海外实践教学模式的探索 [J]. 中国大学教学，2008（08）：79-81.

[28] 高红. 商务日语教学改革与跨文化交际能力的培养 [J]. 商场现代化，2007（11）：385-386.

[29] 李红. 现代日语教学与跨文化交际研究 [J]. 教育与职业，2006（21）：191-192.